JÖRG BERGER

DAS ENNEAGRAMM

Einfach sein, wie du bist,
und anderen damit dienen

Francke

ÜBER DEN AUTOR:

Jörg Berger ist Diplom-Psychologe und Psychotherapeut in eigener Praxis. In 20 Berufsjahren haben ihm Menschen tiefe Einblicke in ihre Persönlichkeit und ihre Lebenswege geschenkt. Als Enneagramm-Kenner und erfolgreicher Autor bringt er zeitgemäß auf den Punkt, was verschiedene Charaktere bewegt.

MIX
Papier aus verantwortungsvollen Quellen
FSC® C083411
FSC www.fsc.org

Bibliografische Information der Deutschen Nationalbibliothek
Die Deutsche Nationalbibliothek verzeichnet diese Publikation in der Deutschen Nationalbibliografie;
detaillierte bibliografische Daten sind im Internet über http://dnb.dnb.de abrufbar.

ISBN 978-3-96362-208-3

Überarbeitete und erweiterte Neuauflage von
Das 9 x 1 des Charakters

35037 Marburg an der Lahn
Umschlagbilder: © iStockphoto.com / urem
Bildnachweis Icons Innenteil: © iStockphoto.com / rambo182, Nadiinko, -VICTOR-, phototechno, lushik
Umschlaggestaltung: Francke-Buch GmbH
Satz: Francke-Buch GmbH
Druck und Bindung: CPI books GmbH, Leck

www.francke-buch.de

INHALT

EINLEITUNG: SICH SELBST UND ANDERE VERSTEHEN

Von einer reifen Persönlichkeit erwarten wir Menschenkenntnis. Wir staunen, wenn junge Menschen schon über sie verfügen. Warum schätzen wir Menschenkenntnis? Der Umgang mit anderen wird so viel leichter, wenn sie sich selbst kennen und ihre Schwächen und Stärken realistisch einschätzen. Außerdem ist es sehr angenehm, wenn andere eine grundlegende Tatsache akzeptiert haben: Die Menschen sind unterschiedlich. Wer das erkannt hat, stellt sich auf andere Menschen ein und nimmt ihre Eigenarten an, statt sie infrage zu stellen oder sogar zu bekämpfen. Aber auch wir selbst können nur unser Bestes geben, wenn wir zu uns selbst stehen und zugleich unsere Schwächen kennen.

Das erklärt die Beliebtheit von Typologien, die unsere Menschenkenntnis schulen. Wie mit allem kann man auch mit Typenlehren auf kluge oder weniger kluge Weise umgehen. Wer sie unklug nutzt, steckt Menschen in Schubladen. Er überschätzt sich und ordnet andere falsch ein. Er drängt anderen Einschätzungen auf, um die diese gar nicht gebeten haben. Und selbst wenn er richtig liegt, tut der unkluge Menschenkenner so, als ob andere auf ihren Typ festgelegt und in jeder Situation von ihren charakterlichen Neigungen bestimmt wären. Dadurch machen sie aus einzigartigen Persönlichkeiten, die wir alle sind, ein trauriges, reduziertes Zerrbild. Wer könnte nicht verstehen, wenn Betroffene dann nicht nur den unklugen Menschenkenner, sondern auch seine Typologie ablehnen?

Deshalb sollten wir von Anfang an klug mit dem Wissen umgehen, das uns eine Charakterkunde schenkt. Wir bleiben zurückhaltend und bescheiden. Wir behalten neben dem Typ, der eine Persönlichkeit in ihren Wahrnehmungen, Gefühlen und Entscheidungen bestimmen mag, immer auch ihre Einzigartigkeit im Blick. Wir rechnen in jedem Moment damit, dass ein Mensch frei ist und auch gegen seine charakterliche Prägung handeln kann.

Dass es überhaupt Typologien gibt, liegt an einer überlebenswichtigen Eigenschaft unseres Gehirns. Es macht nichts mehr und kann nichts besser, als komplexe Muster zu erkennen. In jeder Sekunde verarbeitet unser Gehirn Abertausende von Informationen, die über unsere Sinnesorgane einströmen, und ordnet diese in Muster ein: Lichtwellen, die auf unsere Netzhaut treffen, Töne in unterschiedlichsten Frequenzen, Signale, die zum Beispiel unsere Muskeln und inneren Organe ans Gehirn senden – ein einziges großes Chaos. Wer nicht erlebt, dass sein Gehirn das alles in eine Ordnung bringt, denkt zu Recht, dass er verrückt wird. Diese Notwendigkeit macht uns alle zu Meistern in der komplexen Mustererkennung. Das beginnt früh. Ein vierjähriges Kind hat schon gezeichnete Hasen im Bilderbuch gesehen, zahme Hasen im Streichelzoo und vielleicht auch wilde Hasen am Ortsrand. Schon diese wenigen und sehr unterschiedlichen Eindrücke reichen ihm für die komplexe Mustererkennung. Sieht das Kind nun einen Schneehasen, müsste es ihn eigentlich für einen Eisbären halten, das einzige weiße Tier, das es bisher kennt. Schließlich ist die Farbe die hervorstechendste Eigenschaft. Doch das Gehirn des Kindes merkt, dass die übrigen Merkmale des Schneehasen besser zum Muster »Hase« passen als zum Eisbären. Es erkennt das Muster richtig und erweitert es sogar: »Der Hase ist ja weiß!« – eine unglaubliche Leistung.

Weil zwischenmenschliche Beziehungen für uns so wichtig sind, arbeitet unser Gehirn hier am intensivsten. Von klein auf machen wir uns unsere eigenen Typologien: liebe und böse Kinder; Mädchen und Jungs; Kinder und Erwachsene. Dabei stehen uns nur unsere eigenen Erfahrungen zur Verfügung und das, was uns andere berichten. Psychologische Typologien fassen die Erfahrungen von vielen Menschen zusammen und bringen sie in eine Ordnung, die uns zu einem bestimmten Zweck dient.

Typologien unterscheiden sich darin, was sie genau betrachten und wie viele Kategorien sie dafür brauchen. Wissenschaftlich wohl am besten überprüft ist zum Beispiel eine Typologie, die die frühe Eltern-Kind-Bindung betrachtet. Ursprünglich wurden kleinen Kindern nach einer Verhaltensbeobachtung entweder der Typ »sichere Bindung« zugeordnet oder einer von zwei Typen unsicherer Bindungen. Inzwischen sind noch weitere Kategorien hinzugekommen. Diese Einordnung sagt ziemlich treffsicher voraus, ob Kinder später soziale oder emotionale Probleme bekommen, und sogar, ob sie sich als Erwachsene mit Liebesbeziehungen schwer- oder leichttun. Ein anderes, nicht im strengen Sinne wissenschaftliches Typenmodell ist das sogenannte DISG-Modell. Es unterscheidet zwischen dominanten, initiativen, stetigen und gewissenhaften Menschen. Es kommt mit vier Typen aus, lässt sich schnell erlernen und wird gerne für den beruflichen Bereich eingesetzt. Wer dagegen Menschenkenntnis gewinnen will, ist mit dem Enneagramm gut bedient. Es interessiert sich besonders für die grundlegenden Motive und Schutzmechanismen von Menschen. Mit seinen neun Kategorien ist es gerade noch übersichtlich, aber auch differenziert genug, um die wichtigsten Charakterstrukturen von Menschen zu erfassen.

Das Enneagramm

Die Ursprünge dieser Charakterkunde liegen im Dunkeln. Lange wurde sie mündlich weitergegeben, Spuren finden sich bei den christlichen Wüstenvätern und im Sufismus, einer mystischen Richtung des Islam. Erst Ende des letzten Jahrhunderts fand das Enneagramm eine intensive schriftliche Verbreitung. Es wurde immer neu formuliert, mit zeitgemäßen Beispielen versehen und für die unterschiedlichsten Zwecke eingesetzt. Heute gibt es eine esoterische Enneagramm-Tradition, die in der Typologie einen spirituellen Wegweiser sieht, eine psychologische Tradition, die sich zunächst mit psychoanalytischen, später eher mit Coaching-Ansätzen verbunden hat, und eine christliche Tradition, die sich vor allem durch den amerikanischen Franziskaner-Pater Richard Rohr verbreitet hat. Von christlicher Seite gab es zwei Einwände gegen das Enneagramm. Der eine bestand in der Frage, ob diese Charakterkunde nicht im Kern esoterisch sei und den Anwender in eine Spiritualität hineinziehe, die er vielleicht gar nicht wünsche. Diesen Einwand teile ich nicht. Denn die Ursprünge des Enneagramms haben wenig gemeinsam mit seinem heutigen esoterischen Gebrauch. Im Kern ist das Enneagramm eine kluge Charakterkunde. Aber weil sie so umfassend ist, lädt sie dazu ein, den Menschen auch spirituell zu betrachten. Das kann man auf ganz unterschiedliche Weise tun, auch auf der Basis eines christlichen Menschenbildes. Ein anderer Einwand warnt, dass das Enneagramm zu einer Ersatzreligion werden könne. Seinen Ansatz könne man als einen Weg der Selbsterlösung verstehen. Man könne seinen

Lebenssinn in der Entfaltung seiner Persönlichkeit suchen und für aktuelle Lebensfragen eine Wegweisung im Enneagramm finden, wie es andere zum Beispiel in der Astrologie tun. All das führe von Gott weg zu einer spirituellen Selbstbezogenheit. Diesen Einwand finde ich berechtigt. Denn das Enneagramm ist tatsächlich so faszinierend, dass man darin sein Heil, seinen Sinn und seine Lebensorientierung suchen könnte. Doch wer das versucht, wird bald selbst entdecken, dass er auch eine faszinierende Charakterkunde damit überfordert. Außerdem gilt diese Versuchung ja nicht nur für eine Charakterkunde, sondern für alles, was uns begeistert. Auch eine glückliche Liebesbeziehung, eine einflussreiche berufliche Position oder die Liebe zur Kunst können zu einer Ersatzreligion werden, wenn wir davon alles erhoffen und dafür alles geben. Besser ist es, die Grenzen von alledem zu achten. Dann suchen wir in einer Charakterkunde Menschenkenntnis und bei Gott, was nur bei ihm zu finden ist. Dass eine Charakterkunde aber ganz unterschiedliche Ausgangspunkte für einen Glaubensweg zeigt, wirst du an vielen Stellen dieses Buches sehen. Heute ist die kirchliche Einschätzung des Enneagramms ausgewogen. So würdigt Michael Utsch das Enneagramm in einem Beitrag für die Evangelische Zentralstelle für Weltanschauungsfragen als Hilfsmittel für die Selbsterkenntnis, für die Seelsorge und sogar für die Weiterentwicklung der persönlichen Gottesbeziehung. Gleichzeitig mahnt er zur Wachsamkeit, wo Enneagramm-Ansätze psychologische und spirituelle Ebenen verwischen und Selbsterlösungsfantasien fördern.[1]

Das Modell des Enneagramms ist so vielfältig, dass man Hunderte von Büchern darüber schreiben könnte. Das ist inzwischen auch passiert. Die Komplexität entsteht dadurch, dass das Enneagramm nicht nur neun Typen beschreibt, sondern deren vielfältige Beziehungen untereinander. Auf diese Weise kommt es auch zu dem ominösen Symbol, das sich auf

1 Siehe https://ezw-berlin.de/html/15_2481.php; 2013.

dem Cover dieses und auch vieler anderer Enneagramm-Bücher findet. Neun Punkte, die natürlich für die neun Typen stehen, werden durch Linien miteinander verbunden. Das Gebilde, das so entsteht, wird von einem Kreis umschlossen: Alle Spielarten des Menschseins ergeben zusammen ein Ganzes. Eine Bedeutung hat auch, welche Punkte untereinander verbunden sind. Zum Beispiel steht der Punkt ganz oben in der Enneagramm-Figur für entspannte, selbstzufriedene Menschen. Dieser Punkt verbindet sich durch eine Linie mit einem Punkt, der auf einer Uhr zwischen 4:00 Uhr und 5:00 Uhr liegen würde. Dieser Punkt steht für tatkräftige, imagebewusste Charaktere. Das Enneagramm-Modell sagt nun, dass entspannte, selbstzufriedene Menschen bei den Tatkräftigen einen »Trostpunkt« finden und es ihnen guttut, wenn sie selbst Tatkraft und ein Bewusstsein ihrer Wirkung entwickeln. Umgekehrt könne das Phlegma, das selbstzufriedene Menschen haben, zu einem »Stresspunkt« für die tatkräftigen, auf Wirkung bedachten Charaktere werden. In ihren schlechten, ausgebrannten Momenten allerdings – sagt das Enneagramm weiter – nähmen die sonst tatkräftigen Persönlichkeiten die negativen Eigenschaften selbstzufriedener Persönlichkeiten an und seien zu nichts mehr zu motivieren.

Vielleicht denkst du nun: »Oh weh! Das wird kompliziert.« Dann hast du damit recht. Man kann sogar noch betrachten, wie jeder Typ mit den jeweils acht anderen Typen zurechtkommt, und außerdem gibt es für jeden Typen auch verschiedene Untertypen. Doch ich möchte dich nicht zu einem Enneagramm-Experten machen und gehe nicht auf diese Zusammenhänge ein. Wenn du das schade findest, empfehle ich dir den umfangreichen Klassiker »Das Enneagramm« von Richard Rohr und Andreas Ebert. (Oh, du gehörst schon zu den Enneagramm-Kennern und wolltest durch dieses Buch deine Expertise vertiefen? Dann beginne mit dem dritten Teil. Für die ersten beiden brauchst du dann die Geduld eines Goldschürfers: Lass den Sand von Bekanntem durch dein Sieb rieseln, bis du

Körnchen findest, die für dich wertvoll sind.) Das griechische Fremdwort Enneagramm hat übrigens keine tiefere Bedeutung. Es bedeutet etwa »neunmal geschrieben«, wie bei Zwieback – zweimal gebacken – stutzt man kurz und gewöhnt sich dann an die Bezeichnung.

Einfach du selbst sein und anderen damit dienen

Wer das Enneagramm nutzt, muss aus dessen Möglichkeiten auswählen. Ich tue es mit der Zielsetzung des Untertitels: Einfach du selbst sein und anderen damit dienen. Ich stelle dir die neun Persönlichkeiten und Lebensstile der Enneagramm-Typen vor. Ich beschreibe, was sie antreibt und wie ihr »Typ« sie bis in ihre Wahrnehmungen, Gefühle, Gedanken und Entscheidungen bestimmt. Das dient der Selbsterkenntnis und weil ich die Typen auf eine wertschätzende Weise beschreibe, führt es auch zur Selbstannahme. Vielleicht kommt dir die Beschreibung im ersten Teil des Buches zu positiv vor, schließlich gibt es auch schlimme Vertreter von jedem Charaktertyp. Aber auch eine wertschätzende Beschreibung erlaubt dir, die Schwachpunkte und Gefährdungen eines Charakters zu erkennen. Dabei legt dich Selbsterkenntnis nicht auf deinen Charakter fest, im Gegenteil, sie macht dich frei, auch gegen deine charakterlichen Prägungen zu handeln, wenn das nötig ist. Gleichzeitig befreit sie dich aber von dem Druck, so sein zu müssen, wie es andere sind. Wir alle sehen bei anderen Eigenschaften, die wir nicht haben und um die wir andere beneiden. Doch es ist ja keine Lösung, anders sein zu wollen, als man ist. Besser entfalten wir das Beste, was in uns liegt, und freuen uns, dass andere uns ergänzen.

Dieses Buch schreibe ich zugleich für Menschen, die mit mir eine Überzeugung teilen: Die Freude an unserer eigenen Person wird umso größer, je mehr wir für andere da sind. Unsere Besonderheiten und Fähigkeiten finden ihre Erfüllung darin, dass sie andere beschenken. Diese Überzeugung wurzelt in meinem christlichen Glauben und den Erfahrungen, die ich in der Begleitung kirchlich geprägter Menschen mache. Vielleicht hast du dir dieses Buch gekauft, weil es in einem christlichen Verlag erschienen ist oder du mich als christlichen Autor kennst. Falls nicht, wird dir vielleicht mehr christliche Spiritualität begegnen, als du erwartet hast. Doch dieses Buch geht nur wenig darüber hinaus, was in unserer Gesellschaft Konsens ist. Die unantastbare Menschenwürde hat ihren Weg in unser Grundgesetz gefunden, weil in Ländern mit christlichen Wurzeln der Mensch als von Gott geliebt und sogar als »Ebenbild« seines Schöpfers angesehen wurde. Das geht auch dem nicht verloren, der in den schlimmsten Lebensumständen leben muss. Keiner ist außerdem allein auf der Welt. Unsere Fähigkeiten und Möglichkeiten verpflichten uns gegenüber Menschen, die uns brauchen. Die Nächstenliebe findet auch bei Menschen Zustimmung, die mit der Kirche wenig anfangen können. Schließlich dürfte eine dritte Glaubensüberzeugung niemandem unangenehm werden: Wo der Mensch Gott spielt, da verliert er seine Menschlichkeit. Das letzte Urteil über einen anderen überlassen wir lieber Gott. Es steht keinem Menschen zu, einen anderen nach seinem Bilde zu formen oder über ihn zu verfügen. Natürlich erschöpft sich der christliche Glaube nicht in diesen Werten. Aber sie sind ein guter Ausgangspunkt, um sich selbst zu finden und für andere da zu sein. Und die, die im christlichen Sinne mit Gott unterwegs sind, wird das Enneagramm auch im Glauben weiterführen.

Inzwischen gibt es viele Menschen mit Grundkenntnissen im Enneagramm. Daher stehen die Chancen gut, dass du deine Aha-Erlebnisse, Gedanken und Fragen mit anderen teilen kannst. Wenn du möchtest, kannst du dich von meinem Newsletter begleiten lassen, der etwa alle sechs Wochen Impulse zu Menschenkenntnis, christlicher Spiritualität und anderen Themen gibt: www.derherzenskompass.de/newsletter. Vielleicht spürst du beim Lesen dieses Buches eine Sehnsucht nach einer tieferen Veränderung deiner Persönlichkeit oder auch nach einer tieferen Veränderung der Beziehung zu Menschen, die dir etwas bedeuten. Hier kommt das Medium Buch an seine Grenzen. Ein vertiefendes Angebot findest du dann in folgendem Videokurs: www.derherzenskompass.de/ennagramm. Aber erst mal wünsche ich dir Freude an dir und den Möglichkeiten, die in deiner Person liegen. Sei gespannt auf die Erfahrung, wie du so, wie du bist, am besten für die Menschen da sein kannst, die dir etwas bedeuten und die dich brauchen.

Teil I

NEUN LEBENSSTILE UND WIE SIE UNS BESCHENKEN

WACHSTUMSBRINGER

Im ersten Kapitel stellt sich eine Charakterfamilie vor, in der eine Sehnsucht nach Vollkommenheit lebt. Wachstumsbringer sind Idealisten, die sich selbst und die Welt verbessern wollen. Auf diese Weise regen sie auch andere zu persönlichem Wachstum an. Wachstumsbringer spiegeln einen Gott, der den Menschen für das Paradies geschaffen hat und der den paradiesvertriebenen Menschen wieder zu seiner Bestimmung führen will.

Sven leitet eine Studentengruppe, deren Sympathie er rasch gewonnen hat. Von ihm geht eine Lockerheit aus, er findet zu allen Kontakt. Doch wenn er sich einer Aufgabe widmet, geht er ernst und zielorientiert vor. Man könnte ein wenig neidisch auf Sven werden. Irgendwie scheint er alle Tugenden in sich zu vereinen: einen wachen Verstand, ein Herz für andere Menschen, eine gewisse Coolness und zugleich eine Leidenschaft für seine Ideale. Sven wirkt beinahe zu perfekt. Wenn man Sven kennenlernt, merkt man, dass er oft ungeduldig mit sich selbst ist. Es quält ihn, wenn er hinter seinen Idealen zurückbleibt.

Katrin geht in einer Weise auf ihre Mitmenschen ein, die anderen oft ein Licht aufgehen lässt. Sie hört aufmerksam zu und ihre Fragen führen zum Wesentlichen, zum Kern einer

Sache. Andere öffnen sich gegenüber Katrin, suchen ihren Rat und rufen an, wenn sie in einer Krise sind. Dabei scheut sich Katrin nicht, andere in ihrem Verhalten und ihren Motiven zu hinterfragen. Damit bringt sie das Selbstwertgefühl mancher ins Wanken. Doch jeder spürt, dass Katrin das Wachstum und Wohlbefinden ihres Gegenübers im Blick hat.

Nach manchen Begegnungen mit Rolf fühlt man sich, als wäre man einer Badewanne entstiegen: erfrischt und irgendwie gereinigt. Die Begegnung hat Unnützes, Unwichtiges, Kleinlichkeiten fortgespült. Plötzlich hat man wieder seine Ziele vor Augen und fühlt sich darin bestärkt, sie zu verfolgen. Rolf scheint ein Bild vor Augen zu haben, wie Menschsein und Gemeinschaft gelingen können, und er scheint alles an diesem Bild zu orientieren. Bei anderen ruft Rolf manchmal ein Gefühl von Unterlegenheit hervor. Aus diesem Gefühl heraus sticheln manche und machen Rolf auf seine Fehler aufmerksam. Das irritiert Rolf, er ist gar nicht erpicht auf die Rolle eines Vorbilds, auch nicht auf ein Image von Fehlerlosigkeit.

Sven, Katrin und Rolf teilen eine Sehnsucht nach Vollkommenheit. Sie sehen, wie weit das Leben von dem entfernt ist, wie es eigentlich sein könnte. Sie spüren die Unvollkommenheit der Welt, in der sie leben. Sie wundern sich, warum sich so wenige engagieren, um zum wahren Menschsein und zu wahrer Gemeinschaft durchzubrechen.

Ebenbilder eines Paradiesschöpfers

Der Mensch ist für das Paradies geschaffen, so lautet die erste Botschaft der Bibel. Am Anfang stand der Einklang des Menschen mit sich selbst, mit der Natur, mit seiner Gefährtin und mit Gott. Am Ende der Zeiten wartet auf den Menschen ein Ort der Vollendung, zu dem Gewalt und Bosheit keinen Zutritt finden. Zwischen dem Paradies und einer neuen, ewigen Welt liegt der Weg des Menschen, der sich von Gott befreit hat und sein Potenzial unter eigener Regie entfaltet. Der Mensch zahlt einen hohen Preis auf diesem Weg. Sein Gesicht verzerrt sich vor einer Anstrengung, der er nicht gewachsen ist. Wo er nicht weiterkommt, verlängert er seinen Arm mit unguten Mitteln: Er spannt andere für sich ein, er macht gemeinsame Ressourcen zu seinem Eigentum. Weil er sich schämt, versucht er andere zu beeindrucken und sich verehren zu lassen. Er macht zu seinen Göttern, was ihm Hilfe oder Macht verspricht.

Der Gott der Bibel sieht dem nicht ungerührt zu. Er sehnt sich danach, den Menschen wieder in seine eigentliche Bestimmung zu führen. Gott möchte heilen, Versöhnung stiften und von den Fesseln der Selbstsucht befreien. Er möchte den Menschen seine Schönheit zurückgewinnen lassen, seine schöpferische Kraft und seine Liebesfähigkeit. Dieser göttliche Wunsch hat im Herzen der Wachstumsbringer eine besondere Entsprechung. Ihre Sehnsucht nach Vollkommenheit spiegelt ein intuitives Wissen um die Vollkommenheit der Schöpfung. Wachstumsbringer sehnen sich mit Gott danach, die Schöpfung wieder ihrer wahren Bestimmung zuzuführen. Wenn man will, kann man sie besonders in dieser Hinsicht als Ebenbilder Gottes erkennen.

In den folgenden Abschnitten stelle ich dir einen jungen Mann vor, den die Lebensthemen der Wachstumsbringer bewegen. Er ist in eine charakterliche Sackgasse geraten.

Falle und Lebensaufgabe

Karsten wirkt konzentriert und zielstrebig, selbst in seiner Krise. Er lässt sich begrüßen, nimmt Platz und kommt gleich zur Sache. Ich glaube, es frustriert ihn, dass ihn sein Lebensweg in eine Therapie führt.

Karsten hat viel investiert, um sein Leben auf eine gute Bahn zu bringen. Nach dem Abitur hat er ein Jurastudium begonnen.

Schon als Student hat er einen attraktiven Nebenjob gefunden, mit dem er sein Studium finanziert. Oft hat Karsten Einladungen abgesagt, um sich ganz seiner Ausbildung und seiner Zukunft zu widmen. In Karstens Studentenbude findet sich kein unnützer Gegenstand. Eine Freundin von Karsten hat einmal gefragt: »Sag mal: Jedes Buch, deine Kleider, die Bilder an der Wand – alles hat mit deinen Lebenszielen zu tun, oder?«

Karsten wirkt im Gespräch mit mir angestrengt, als ob er durchdachte Antworten geben und sich meine Sympathie erarbeiten müsste. Dabei fand ich Karsten vom ersten Augenblick an sympathisch, vielleicht wegen seiner Höflichkeit, seiner Ernsthaftigkeit oder auch, weil er seine offensichtliche Begabung nicht zur Schau stellt. In meiner Rolle als Therapeut fühle ich mich von Karsten geprüft. Bald gehen mir Gedanken wie diese durch den Kopf: »Ich muss gut sein, wenn ich sein Vertrauen gewinnen will. Meine Kompetenz muss ich ihm erst mal beweisen.«

Karstens Leben ist entgleist, als eine Femme fatale in seinen Weg trat, eine aufregende, lebenshungrige Frau, die etwa das Gegenteil dessen verkörperte, was Karsten an Werten verinnerlicht hatte. Sie dachte nicht an die Zukunft, sondern genoss den Augenblick. Sie nahm sich vom Leben, worauf sie Lust hatte. Karsten wusste, dass sie schon viele Affären gehabt hatte, sogar mit verheirateten Männern. Dennoch ließ er sich auf eine Beziehung mit ihr ein. Er schwebte im Himmel einer ungeahnten Lebendigkeit und brannte in einer Hölle von Gewissensqualen. Mit der Liebe spielen, Zeit und Geld vergeuden, nur für den Tag und für sich selbst leben, das entsprach nicht Karstens Lebensvision. Nach einigen Monaten der Zerrissenheit trennte er sich von ihr.

Nun hätte Karstens Leben in den bewährten Bahnen weiterlaufen können. Doch der Motor blieb stehen, der Karsten so verlässlich vorwärtsgebracht hatte. Karstens inneres Feuer erlosch, er verlor seine Verbindung mit der Welt. Er verließ die

Wohnung nur noch selten, aß, sah fern, das Studium ruhte. Von seinem Job befreite er sich durch eine kurze Mail. Karstens Seele weigerte sich offenbar, sich wieder auf den disziplinierten Lebensstil einzulassen.

Karsten ist in eine Falle geraten, vor der alle Wachstumsbringer einmal stehen können. Wer seine Selbstbeherrschung und Zielstrebigkeit zu weit treibt, der drängt seine innere Lebendigkeit zurück. Irgendwann reißt sich diese los und verleibt sich gierig ein, was ihr das Leben vorenthalten hat. Sie sucht Entspannung, Genuss und Lust. Karstens Seele hat sich in der Affäre geholt, was ihr der strebsame, gezügelte Lebensstil vorenthalten hat.

Manche Wachstumsbringer haben einen starken Willen. Sie hindern ihre Lebendigkeit, sich von ihren Zügeln loszureißen. Dafür müssen sie aber eine große Strenge aufbieten. Das macht sie hart gegenüber sich und anderen. Wachstumsbringern stellt sich daher die Lebensaufgabe, ihre innere Lebendigkeit mit ihren Idealen zu versöhnen. Wenn sie die Zügel der Selbsterziehung lockern, entsteht ein Freiraum für Unvollkommenheit und menschliche Schwäche, für unvernünftige Gefühle, für Herzenswünsche, die gehört werden wollen. Dadurch entfernen sich Wachstumsbringer von ihren Idealen, aber sie werden menschlicher, herzlicher und können andere leichter für ihre Ziele gewinnen. Wie sie barmherziger mit sich und anderen werden, zeigt der zweite Teil des Buches: »Wachstumsbringer entdecken die Gnade«.

Der Ursprung einer Sehnsucht

Jede Sehnsucht hat ihren Ursprung. Zwar sind in jedem Menschen die unterschiedlichsten Sehnsüchte angelegt. Welche sich besonders stark entfalten und zu einer Triebkraft im Leben werden, hängt aber von den frühen Lebensumständen ab. Wie die Sehnsucht von Wachstumsbringern entsteht, möchte ich an Karstens Geschichte zeigen.

Karsten wuchs mit seinen Eltern und fünf Geschwistern auf. Er war der Älteste. Der Vater führte einen Familienbetrieb, ein Gartenbauunternehmen. So fiel Karsten gleich von zwei Seiten Verantwortung zu. Als »der Große« unter den Geschwistern sollte er ein Vorbild sein. Je mehr Geschwister kamen, desto öfter hörte er den Wunsch der Eltern, er solle doch »groß« und »vernünftig« sein. Bald schon entlastete er die Mutter und kümmerte sich um seine Geschwister. Auch der Familienbetrieb bot viele Möglichkeiten zum Anpacken. Karsten stellte sich geschickt an, er wurde mit Vertrauen und weiteren Aufgaben belohnt. »Es war manchmal eine ganz schöne Knochenarbeit«, erinnert sich Karsten. »Aber ich war stolz, wenn ich etwas besser als die Lehrlinge hinbekam.« Zu seiner Mutter hatte Karsten eine enge Beziehung: »Sie war stolz auf mich, glaube ich. Wir beide bildeten die Partei der Ordentlichen, die anderen waren eher Chaoten.«

Karsten hat ein Familienklima erlebt, das alle Wachstumsbringer in der einen oder anderen Weise geprägt hat. In einem solchen Klima wird einem Kind manches sehr früh abverlangt: Einsicht und Mitmachen, Geduld und Verzicht, Höflichkeit und Rücksicht. Die Eltern haben oft hohe Ideale und klare Vorstellungen, wie das Leben ablaufen sollte – kindlicher Trotz, Trödeln oder Übermut sind ihnen lästig.

Wachstumsbringer identifizieren sich mit den Idealen der Eltern und verinnerlichen sie: »Ich bin gut, wenn ich ehrlich, großzügig, einfühlsam … bin.« Welchen Inhalt die Ideale haben, unterscheidet sich von Familie zu Familie. In jedem Fall spüren Wachstumsbringer, wie oft sie die Erwartungen ihrer Eltern nicht erfüllen. Dieses Gefühl entfaltet ihre Sehnsucht nach Vollkommenheit. Wachstumsbringer wünschen sich zutiefst, mit ihren Idealen in Einklang zu sein. Später entwickeln Wachstumsbringer ihre Ideale weiter und machen sich in diesen auch von ihren Eltern unabhängig. Aber die Ausrichtung auf Ideale bleibt ihrem Charakter eingeprägt.

Die Gaben des Charakters

Wachstumsbringer sind bereit, an sich zu arbeiten. Sie lernen, üben, denken nach und treiben so ihr persönliches Wachstum voran. Sie sind immer im Dienst. Wachstumsbringer lassen sich am Strand von einem Fachbuch inspirieren. Beim Spaziergang im Park tragen sie ihr Notizbuch bei sich. Wachstumsbringern scheinen die Ideen nur so zuzufliegen. Doch ihre Kreativität spielt sich mehr auf dem Boden ab als in der Luft. Sie brüten über unausgereiften Dingen, bis deren Schale bricht.

Die kritische Wachsamkeit verleiht einen Röntgenblick für Unvollkommenes, was eine zweischneidige Gabe ist: Denn einerseits bemerken Wachstumsbringer schnell, wo Zeit und Kraft vergeudet wird. Ihnen fällt auf, wenn Menschen Ziele verfolgen, die weder ihrem eigenen Wachstum noch der Gemeinschaft dienen. Damit können sie anderen einen großen Dienst erweisen. Andererseits empfinden Wachstumsbringer schnell missbilligende Gefühle, wenn sie auf die Unvollkommenheit ihrer Umgebung treffen. Manchmal fühlen sie sich wie der einzige Erwachsene unter Kindern und verspüren einen Drang zu erziehen. Sie wollen sich nicht zu Erziehern oder Lehrern aufspielen, aber gelegentlich entgleitet ihnen doch eine missbilligende oder überkritische Bemerkung.

Wachstumsbringer bemühen sich außerdem um eine gelassene Distanz. Sie stellen sich etwas abseits vom Strom des Geschehens. So können sie Anteil nehmen, bewahren sich aber eine innere Unabhängigkeit. Wenn im Alltag ein Zug entgleist, trifft es viele unvermutet, Wachstumsbringer reagieren gelassen: »Habt ihr nicht bemerkt, dass die Schienen marode sind, die Kabel lose von der Signalanlage baumeln und der Zugführer übermüdet ist?« In einer Krise kommen die Fähigkeiten von Wachstumsbringern besonders zur Geltung. Denn in der Krise sind alle wach und reiben sich den Sand der Selbstzufriedenheit aus den Augen. Sie öffnen sich für Verbesserungen und Weiterentwicklungen.

Beruf

Einige Berufe kommen den Qualitäten von Wachstumsbringern besonders entgegen: Lehrer, Dozenten, Pfarrer, Therapeuten, Frauen immer mitgemeint, haben eine gemeinsame Aufgabe: Sie bringen Menschen auf den richtigen Weg. Deshalb finden sich viele Wachstumsbringer in solchen Berufen. Wen sein Lebensweg in andere Berufe führt, findet sich dennoch bald in einer Fortbildungsaufgabe wieder. Oder er entwickelt Konzepte, führt neue Mitarbeiter ein, betreibt Qualitätssicherung oder verbessert Strukturen. Doch auch an sich selbst arbeiten Wachstumsbringer hart. So eignen sie sich rasch Kompetenz an und bewegen sich souverän in ihrer beruflichen Rolle.

Kollegen schätzen den kritischen, schöpferischen Geist, den Wachstumsbringer in ein Team einbringen. Ihren Vorgesetzten dagegen machen es Wachstumsbringer nicht immer leicht. Denn sie können ihre Kritik auch ihnen gegenüber kaum unterdrücken. Deshalb müssen sich Wachstumsbringer gelegentlich ihrem Groll stellen, den Vorgesetzte bei ihnen wecken. Natürlich gibt es auch Vorgesetzte, die ausgezeichnete Arbeitsbedingungen schaffen. Unter ihrer Führung spielen Wachstumsbringer ihre Fähigkeiten voll aus.

Beziehungen

In Freundschaften und in einer Partnerschaft kann man sich ein kleines Paradies schaffen. Liebe, Wertschätzung, Vertrauen, Offenheit können Momente der Vollkommenheit erzeugen. Dann kommt das Herz der Wachstumsbringer zur Ruhe und ihre Lebendigkeit kann sich zeigen.

Wachstumsbringer sind Bauchmenschen, die Besonnenheit und Leidenschaft verbinden können. Sie haben ein Gespür für die Bedingungen, die eine Beziehung zum Gedeihen braucht. Wachstumsbringer pflegen ihre Beziehungen wie Gärtner ihre Pflanzen. Sie verschaffen ihnen die frische Luft von Vergnügungen genauso wie den Dünger ernster Gespräche. Sie gießen ihre Beziehungen mit Aufmerksamkeit und Hilfsbereitschaft, scheuen sich aber nicht, auf Unkraut hinzuweisen. Nicht jedem leuchtet es ein, dass man an einer Beziehung derart arbeiten muss. Dennoch schätzen andere die inspirierenden Begegnungen mit Wachstumsbringern, in denen sich oft eine besondere Qualität einstellt, ein Stück Vollkommenheit eben.

Gelegentlich verwickeln sich Wachstumsbringer in eine Doppelrolle, in der sie als Feldspieler agieren und zugleich als Schiedsrichter über das Spiel wachen. Sie können Freunde oder ihren Partner mit einer Bemerkung verunsichern, die sich wie eine Gelbe Karte beim Fußball anfühlt. Manchmal verfügen Wachstumsbringer über eine solche moralische Autorität, dass andere ihre Schiedsrichterfunktion nicht hinterfragen. Wachstumsbringer pfeifen fair und maßregeln sich selbst mit der gleichen Strenge. Dennoch entsteht ein Gefälle in der Beziehung, das beiden Seiten nicht guttut: Wachstumsbringer bürden sich zu viel Verantwortung für den Spielverlauf auf, während sie den anderen in eine unterlegene Position bringen.

Glaube

Wachstumsbringer sehen den Glauben zunächst als einen Weg, auf dem sie zu besseren Menschen werden und auf dem sie für eine bessere Welt kämpfen. Beide Ziele setzen die ganze Energie ihres Charakters frei und führen Wachstumsbringer zu einem konsequenten Gebetsleben, einem wachen Bibelstudium und einem engagierten Dienst für andere. Wachstumsbringer fasziniert die Vollkommenheit Jesu Christi.

Bald schon stellen sich aber eine Reihe unangenehmer Entdeckungen ein: Die eigenen Fehler erweisen sich als mächtiger als alles Ringen um Vollkommenheit. Christliche Gemeinschaft wird ebenso von menschlichen Schwächen geprägt wie von der Kraft Gottes. Und schließlich rauben die Widrigkeiten des Lebens dem christlichen Engagement allzu oft die Früchte. Solche Ernüchterung müssen Wachstumsbringer erst einmal bewältigen. Danach finden sie oft zu einem Glauben, der Raum für menschliche Schwäche lässt. Ihr Glaube gewinnt an Geduld, Gelassenheit und Frustrationstoleranz.

Mein Dank an die Wachstumsbringer

Manche Wachstumsbringer kenne ich schon sehr lange, andere haben mich in einer bestimmten Lebensphase begleitet. Natürlich ist jeder Mensch einzigartig. Und jede Beziehung hat ihren eigenen Charakter. Dennoch glaube ich, dass ich Gemeinsamkeiten in meiner Begegnung mit Wachstumsbringern erkennen kann. Wachstumsbringer haben mich inspiriert und meinen Glauben an das Gute gestärkt. Ich habe erlebt, wie sie Inseln des Guten schaffen, auf denen menschliche Not gelindert wird und Menschen befreit werden, ihr Potenzial zu leben.

Wer seinen Idealen treu bleibt, scheint seinen Weg zum Erfolg zu verlangsamen. Ehrlichkeit, Rücksicht, Teilen, Hilfsbereitschaft, Selbstkritik – all das hält auf. Da stellt sich die Frage: Kann man den Vorsprung wieder einholen, den die gewinnen, die sich mit solchen Tugenden weniger belasten? Das Leben von Wachstumsbringern hat mir gezeigt: Man kann es. Gott entfacht einen Rückenwind für die, die für ihre Überzeugung einen Umweg gehen.

Zusammenfassung

Hohe Erwartungen und Ideale haben Wachstumsbringer schon früh geprägt. In ihnen wurde eine Sehnsucht nach Vollkommenheit geweckt, die Wachstumsbringer ein Leben lang antreibt. Sie eignen sich an, was sie ihren Idealen näherbringt: eine kritische Intelligenz, Selbstdisziplin und menschliche Größe. Manchmal unterdrücken sie dabei ihre innere Lebendigkeit. Damit riskieren sie, dass unterdrückte Bedürfnisse in schwachen Momenten entgleisen oder aber, dass sie in einer überstrengen Haltung erstarren. Wenn Wachstumsbringer lernen, ihre innere Lebendigkeit mit ihren Idealen zu versöhnen, setzt sich eine gewinnende Leidenschaft frei. In Wachstumsbringern spiegelt sich ein Gott, der den Menschen wieder dem Paradies entgegenführt.

GEMEINSCHAFTSSTIFTER

Hier treffen wir auf Menschen, die Beziehungen an die erste Stelle setzen. Gemeinschaftsstifter haben eine feine Antenne für das Befinden anderer und ein ausgeprägtes Verantwortungsgefühl. Sie spiegeln die beziehungssuchende Liebe Gottes, die jede Trennung überwindet.

Maja braucht nur Sekunden, um die Stimmung eines Menschen zu spüren. Je nachdem, was der andere gerade braucht, kann sie soft oder zupackend sein, locker oder bestimmt, heiter oder betroffen. Freunde und Bekannte lassen sich von ihr auch den Kopf waschen, weil sich Maja nicht distanziert und sich nicht über den andern stellt. Manchmal trägt Maja schwer daran, dass sich ihr die Herzenstüren so schnell öffnen, sie fühlt sich dadurch in einer besonderen Verantwortung.

Bernd verfügt über eine Beziehungsenergie, über die andere nur staunen können. Seine Rolle als Ehemann und Vater füllt er mit großer Hingabe aus. Für einen Ausflug mit den Kindern findet er immer Zeit, auch für einen verplauderten Abend mit seiner Frau. Die Kontakte zu seinen Freunden pflegt Bernd gewissenhaft, er telefoniert und schreibt lange E-Mails. Bernds Beispiel führt bei manchem Familienvater zu Selbstzweifeln:

»Wie kann sich Bernd emotional so investieren, ohne völlig ausgelaugt und genervt zu sein?« Bernd scheint ein Geheimnis zu kennen, das ihm erlaubt, emotional aufzutanken, während er sich für andere investiert.

Wenn Damaris einen Roman liest, taucht sie tief in die Handlung ein. Stimmungen und Charaktere sind noch lange in ihren Gedanken präsent, als wäre die Geschichte ein Teil ihres Lebens geworden. Bei Reisen findet Damaris schnell in das Lebensgefühl, die Gewohnheiten und die Sprache eines Landes hinein. Mit einem Land geht es Damaris ähnlich wie mit Menschen. Seine Kultur und sein Lebensgefühl wecken neue Seiten in ihr. Eine Sehnsucht schließt Maja, Bernd und Damaris zu einer Charakterfamilie zusammen: die Sehnsucht nach Unzertrennlichkeit. Alle drei sehnen sich nach einer harmonischen Einheit mit anderen Menschen, in der jeder an Glück und Leid des anderen teilhat.

Ebenbilder eines beziehungssuchenden Gottes

Biblische Zeugnisse beschreiben Gott nicht als Souverän, der in sich selbst ruht und seinen Geschöpfen höchstens eine Audienz gestattet. Der Gott der Bibel sehnt sich nach seinen Geschöpfen. Er bekennt sich zu seiner Eifersucht, wenn Menschen Götzenbilder verehren. Gott schickt immer wieder Propheten, die seinen in sich selbst gefangenen Geschöpfen zurufen: »Schließt doch ein Liebesbündnis mit Gott und bringt auch die Beziehungen untereinander in Ordnung.« Gottes Beziehungssuche spiegelt sich in den zentralen Inhalten des christlichen Glaubens: Gottes Menschwerdung; die Ausgießung des Heiligen Geistes – Gottes Gegenwart im Herzen eines Menschen; die Kirche verstanden als »Leib Christi«, der Gottes Ruf zur Versöhnung in die Welt trägt.

Wo die Bibel Bilder des Glücks zeichnet, sind es Bilder vollendeter Gemeinschaft: der verlorene Sohn, der vom Vater aufgenommen wird und dessen Willkommensein durch ein rauschendes Fest bekräftigt wird (Lk 15,11 ff.); ein Hochzeitsfest, durch das Gott und Mensch endgültig zusammenfinden (Mt 25,1 ff.; Off 19,7 ff.).

Gott will Trennung überwinden und unverbrüchliche Gemeinschaft schaffen, danach sehnen sich auch Gemeinschaftsstifter. Daher betrachte ich sie besonders in dieser Hinsicht als Ebenbilder Gottes. In jedem Menschen sind die Gaben angelegt, die zum Aufbau starker, liebevoller Beziehungen notwendig sind: Anteilnahme, Opferbereitschaft, Hingabefähigkeit. Auf dem charakterlichen Boden von Gemeinschaftsstiftern gedeihen diese Gaben besonders gut.

Falle und Lebensaufgaben

Das Potenzial von Gemeinschaftsstiftern hat seine Geschichte. Schon in den ersten Lebensjahren richten Gemeinschaftsstifter ihre seelische Energie darauf aus, eine Einheit mit anderen Menschen herzustellen. Alles Lernen und Entdecken steht früh unter einer Lebensfrage: Wie kann ich mein Verhalten gut auf die Menschen abstimmen, die mir wichtig sind? Wie trage ich zu Harmonie und Freude bei? Die Geschichte von Gemeinschaftsstiftern möchte ich an einem typischen Lebensweg aufzeigen.

Reinold tritt ein, begrüßt mich, sofort stellt sich eine angenehme Atmosphäre ein. Mit Bart und Bauch, starken Händen und seinen ruhigen Bewegungen strahlt er etwas Väterliches aus. Ein Mensch, dem ich mich ohne Zögern anvertrauen würde und bei dem man sich sicher gut aussprechen könnte. Seit 15 Jahren führt Reinold die evangelische Gemeinde einer Kleinstadt. Sein Pfarramt hat ihm immer Freude gemacht, besonders der vertrauensvolle Kontakt zu den Gemeindegliedern. Umso schlimmer erlebt er nun eine Gleichgültigkeit, die sich in den letzten Monaten eingestellt hat. Er empfindet sich anderen gegenüber als kalt und desinteressiert. Er hat das Gefühl, seinen Gemeindegliedern schuldig zu bleiben, was er ihnen als Pfarrer geben sollte.

Reinold hat in diesem Jahr viele zusätzliche Belastungen geschultert. Wegen Knieproblemen kann seine Frau nur noch mit Mühe gehen. Auch eine Operation hat ihre Schmerzen nicht beseitigt. Eines seiner vier Kinder hat sich zum Sorgenkind entwickelt und seinen Ausbildungsplatz aufgegeben. Eigentlich hätte sich Reinold in dieser Situation entlasten müssen. Doch er hatte nur seine Beziehungsschuld vor Augen gegenüber seiner Familie und der Gemeinde. Er arbeitete noch mehr, gönnte sich wenig Schlaf und geriet in einen Zustand erschöpfter Gleichgültigkeit.

Über Reinold ist eine Falle zugeschnappt, in die Gemeinschaftsstifter leicht geraten: die Falle der Selbstaufopferung. Er hat die Beziehung zu wichtigen Menschen so lange vor Belastungen geschützt, bis er selbst unter der Last zusammengebrochen ist. Die Sehnsucht nach Unzertrennlichkeit wird in Situationen zur Falle, wo man sich vorübergehend von anderen lösen muss.

Zwei Situationen können Menschen zur Selbstaufopferung führen: zum einen Situationen, in denen zusätzliche Lasten daran hindern, den beruflichen und familiären Pflichten gerecht zu werden. Solche Lasten können Krankheiten sein oder eine zusätzliche Verantwortung, zum Beispiel für einen pflegebedürftigen Elternteil. Wer sich in einer solchen Situation nicht selbst ausbeuten will, muss sich aus anderen Verbindlichkeiten lösen. Damit wird er vielleicht Menschen enttäuschen oder bleibt ihnen etwas schuldig.

Zum anderen gibt es Situationen, in denen Menschen unangemessene Forderungen stellen. Wer hier um des Beziehungsfriedens willen nachgibt, gerät auch in eine Situation von Selbstausbeutung. Solchen Situationen entkommt man, wenn man einmal einen Schritt zurückgeht und sozusagen aus der

Beziehung heraustritt. Dann erkennt man leichter, wenn die Forderungen anderer unangemessen werden. Es wird leichter, die Erwartungen anderer auch einmal zu enttäuschen.

Gemeinschaftsstiftern stellt sich die Lebensaufgabe, mehr Unabhängigkeit von anderen Menschen zu gewinnen. Reinold fasste seinen Weg am Ende der Therapie etwa so zusammen: »Mein Leben war geprägt von meiner Angst vor Liebesverlust. Jetzt fühle ich mich freier. Ich lasse mich nicht mehr so schnell von falschen Schuldgefühlen bestimmen.« So geht es um die Aufgabe, dem »Ich« mehr Raum zu verschaffen und auch den eigenen Gefühlen, Bedürfnissen und Prioritäten ein angemessenes Gewicht zu geben. Wie das möglich wird, zeigt der zweite Teil des Buches: »Gemeinschaftsstifter nehmen Christus in sich auf«.

Der Ursprung einer Sehnsucht

Die Sehnsucht nach Unzertrennlichkeit entsteht typischerweise in Familien, in denen ein starker Zusammenhalt besteht. Wie in einer Seilschaft von Bergsteigern erlebt jeder die Sicherheit, die in der Verbindung zum anderen liegt. Sich auszuklinken und einen eigenen Weg zu gehen, ist in solchen Familien nicht vorgesehen.

Reinold will die Ursachen seiner Krise finden und blickt dabei auf seine Geschichte zurück. Er beschreibt seine Mutter als eine geschäftige Frau, die bis in die Nacht putzen und backen konnte. Die Familie sollte es schön haben, jeder sollte sich wohlfühlen. Reinolds Mutter litt stumm, wenn er sich ihrer Fürsorge entzog. Reinolds Vater bestrafte Fehlverhalten streng, besonders wenn es das Zusammenleben störte. Wenn Reinold zu spät kam oder log, musste er lange allein im Zimmer bleiben.

»Wir hatten einen starken Familienzusammenhalt«, erinnert sich Reinold. »Die Wochenendausflüge habe ich sehr genossen,

Geburtstagsfeiern und das Weihnachtsfest haben mich oft tief berührt. Manchmal wusste ich aber nicht, wohin mit meinem Zorn – zum Beispiel wenn ich die Strafen meines Vaters als ungerecht empfand. Oder wenn meine Mutter über mein Leben Bescheid wissen und mitbestimmen wollte. Aber mich gegen meine Eltern stellen, das ging einfach nicht.«

Gemeinschaftsstifter finden als Kinder Geschmack an dem, was gute Gemeinschaft schenken kann: Nestwärme, Geborgenheit, Unterstützung, Anteilnahme, ein Gefühl von Zugehörigkeit und einen bedeutsamen Platz in der Gemeinschaft. Gleichzeitig leiden sie unter den zwischenmenschlichen Spannungen, die sich nicht vermeiden lassen und die doch das Gemeinschaftsgefühl stören. Und sie spüren auch eigene Impulse, die sich gegen die Gemeinschaft stellen, wie Zorn und der Wunsch nach Unabhängigkeit. Auf solche Impulse reagieren Gemeinschaftsstifter schon früh mit Schuldgefühlen.

Vor diesem Hintergrund entfaltet sich eine Sehnsucht nach Unzertrennlichkeit. Gemeinschaftsstifter sehnen sich nach einer unverbrüchlichen Gemeinschaft, die weder durch Konflikte noch durch die eigenen Schwächen getrübt werden kann. Unzertrennlichkeit bedeutet: Jeder ist dem andern so wichtig, dass alles zweitrangig wird, was trennen könnte. Jedem sind Glück und Leid des anderen genauso wichtig wie das eigene Glück und Leid. Lebensgestaltung und Entscheidungen haben daher selbstverständlich den anderen im Blick.

Die Gaben des Charakters

Vereinfacht könnte man die Entwicklung von Gemeinschaftsstiftern so charakterisieren: Sie eignen sich vor allem das an, womit sie andere beglücken können. Sie wärmen sich selbst an dem Feuer, das sie im Herzen des anderen entfachen. So wachsen ihnen vor allem zwischenmenschliche Fähigkeiten zu.

Es fällt ihnen leicht, Kontakte zu knüpfen: Sie sind herzlich, freundlich, aufmerksam, sensibel und einladend. Sie haben einen sechsten Sinn für die Stimmung und die Bedürfnislage ihres Gegenübers. Sie stellen ihre eigenen Bedürfnisse zugunsten der anderen zurück. Oder besser gesagt: Sie haben die Gabe, die Bedürfnisse anderer zu ihren eigenen zu machen.

Egal wo sie sich einbringen, Gemeinschaftsstifter schaffen ein familiäres Klima: auf einer Party, am Arbeitsplatz, in einem Bibelkreis. Oft übernehmen sie eine Mutter- oder Vaterrolle: Sie haben die ganze »Familie« im Blick, bemerken, wo jemand Hilfe braucht, stärken den Gemeinschaftssinn. Andere fühlen sich willkommen und zu Hause, sie öffnen sich und bringen sich rasch ein. Die menschliche Wärme der Gemeinschaftsstifter entfaltet Beziehungen.

Gemeinschaftsstifter investieren viel, um an der Welt des anderen teilzuhaben. Sie lesen ein Buch, das den anderen geprägt hat, erproben sein Hobby, lassen sich auf die unterschiedlichsten Vorlieben ein. Ihr Anpassungsvermögen führt Gemeinschaftsstifter manchmal in Selbstzweifel: »Andere bringen Leistungen, glänzen mit ihren Fähigkeiten, haben eine starke Persönlichkeit – und ich?« Tatsächlich beflügeln Gemeinschaftsstifter häufiger die Erfolge anderer, als dass sie sie selbst erzielen. Oft besteht der Freundeskreis von Gemeinschaftsstiftern aus Menschen, die erfolgreicher sind als sie, wenn man Titel, Gehalt oder beruflichen Erfolg zugrunde legt. Doch andere schätzen die Gaben von Gemeinschaftsstiftern, auch wenn ihre Erfolge oft schwerer zu messen sind.

Beruf

Einige Gemeinschaftsstifter zieht es in Helferberufe. Sie arbeiten als Krankenschwestern, Sozialarbeiterinnen und Altenpflegerinnen. Andere stellen sich wichtigen Personen an die Seite als

Sekretärin, als Arzthelferin oder als Assistentin der Geschäftsführung. Wieder andere eignen sich Wissen und Fähigkeiten an, die sie an andere weitergeben, wie das Lehrerinnen, Therapeuten oder Pfarrer tun. Wenn sich Gemeinschaftsstifter in anderen Berufen finden, dann haben sie oft eine dienende Funktion und arbeiten in einem Umfeld, das viele Kontakte ermöglicht.

In Teams sorgen Gemeinschaftsstifter für eine herzliche, menschliche Atmosphäre. Als Chefs oder Teamleiter schaffen sie eine Nestwärme in ihrem Verantwortungsbereich. Gemeinschaftsstifter haben in der Regel nicht den Ehrgeiz, eine hohe Position zu erreichen. Mit dieser Haltung wirken sie einem Klima von Konkurrenz entgegen. Befördern lassen sie sich oft nur widerwillig.

In beruflichen Frust geraten Gemeinschaftsstifter, wenn sie bemerken, dass ihnen ihr Einsatz nicht in gleicher Münze vergolten wird. Sie investieren ihr Herz, bekommen aber nur Geld und berufliche Anerkennung. Oft bedeutet es einen Lernweg für Gemeinschaftsstifter, von ihren Kollegen und Vorgesetzten keine Liebe zu erwarten.

Beziehungen

Es liegt im Charakter von Gemeinschaftsstiftern, dass ich nicht zu diesem Abschnitt komme, ohne schon viel über Beziehungen gesagt zu haben: Gemeinschaftsstifter investieren sich stark in andere Menschen. Sie fühlen sich ein, unterstützen, nehmen Anteil. Sie schwingen sich auf die Wellenlänge des anderen ein und schenken, was dem anderen zu seinem Glück fehlt. Ihnen gelingt das Zusammenspiel mit bedürftigen Menschen, aber auch mit starken Persönlichkeiten, die ein ausgleichendes, anpassungsfähiges Gegenüber brauchen. Manchmal kommen dabei ihre eigenen Bedürfnisse und Lebensziele zu kurz, Gemeinschaftsstifter geraten dann in die Gefahr der Selbstaufopferung.

Gemeinschaftsstifter tragen zwei Gefühle in sich, die sie manchmal gerne beiseiteschieben würden, die aber von großem Wert sind: eine beziehungserhaltende Eifersucht und einen Zorn über Herabsetzung. Beziehungen geraten in Gefahr, wenn einer der Beteiligten eine andere Sache zu wichtig nimmt: die Arbeit, eine andere Beziehung, ein Hobby. Eine gesunde Eifersucht spürt auf, was der Beziehung schadet. Wenn Gemeinschaftsstifter das Beziehungsterritorium verteidigen, schützen sie nicht nur sich selbst, sondern auch das Fundament der Gemeinschaft. Eine zweite Gefahr droht Beziehungen, wenn einer den eigenen Bedürfnissen und Zielen die Hauptrolle gibt und den anderen zum Statisten der Beziehung macht. Für eine solche Herabsetzung haben Gemeinschaftsstifter in der Regel ein vitales Empfinden, auch wenn es ihnen manchmal schwerfällt, dazu zu stehen. Dabei kann es helfen, wenn sie den persönlichen Wildwuchs eines anderen beschneiden und damit wieder ein gedeihliches Miteinander ermöglichen.

So wachen Gemeinschaftsstifter über der Beziehung. Manche Menschen empfinden das als einengend, besonders wenn sie Freiheit lieben oder emotionale Nähe fürchten. Wenn sie sich aus einem solchen Gefühl heraus distanzieren, setzen sie einen Teufelskreis in Gang. Nun fürchten Gemeinschaftsstifter erst recht um das Wohl der Beziehung. Eventuell klammern sie sich an den anderen oder machen ihm Vorwürfe. Das scheint dem anderen wiederum darin recht zu geben, dass er sich distanziert und seine Freiheit sucht. Doch in verbindlichen und emotional offenen Beziehungen fällt es Gemeinschaftsstiftern nicht schwer, den anderen loszulassen.

Glaube

Gemeinschaftsstifter tun sich oft schwer, ihren Glauben allein auszuüben. Die sogenannte »Stille Zeit« wurde nicht von Gemeinschaftsstiftern erfunden. Bei solchen einsamen Gebetszeiten und beim Bibelstudium im stillen Kämmerlein fehlt ihnen das Gegenüber. Denn die körperliche und emotionale Erfahrung Gottes steht selten am Anfang ihres Glaubensweges. Sie stellt sich meist erst nach längerem Gehen ein. Wenn Gemeinschaftsstifter diesen Weg durchhalten, genießen sie ihre Gebets- und Einkehrzeiten. Denn sie haben in Gott ein lebendiges Gegenüber gefunden.

Gemeinschaftsstifter finden in Gemeinschaft viel leichter zu Glaubenserfahrungen. Im Gespräch, im gemeinsamen Gebet und gemeinsamen Dienst wird der Glaube für sie konkret und erfahrbar. Sie erleben die Zuwendung Gottes in Gestalt anderer Menschen. Und umgekehrt geht von Gemeinschaftsstiftern eine Menschlichkeit aus, die für andere Gott erfahrbar macht. Immer wieder berichten Menschen, sie hätten die Wirklichkeit Gottes zuerst in einer christlichen Gemeinschaft entdeckt, von der Ermutigung ausgegangen sei, herzliche Annahme und eine Art heiliger Freude. Gemeinschaftsstifter sind oft die Säulen einer solchen Gemeinschaft, in der Gott seine Gegenwart spürbar macht.

Mein Dank an die Gemeinschaftsstifter

Wenn es so etwas gibt wie bedingungslose Liebe, so habe ich sie von Gemeinschaftsstiftern erfahren. In Beziehungen zu ihnen hatte ich mit allen Facetten meiner Persönlichkeit Raum, auch mit unfertigen, verwegenen Seiten. Gemeinschaftsstifter haben mich im Frust aufgefangen, mir den Rücken gestärkt und mich unterstützt.

Ganz bedingungslos ist die Liebe von Gemeinschaftsstiftern jedoch nicht, denn sie sind sensibel für alles, womit man die Gemeinschaft verletzt. Gegenüber Einfühlungsmangel, Überheblichkeit und Selbstbezogenheit können Gemeinschaftsstifter ihre Krallen zeigen. Gemeinschaftsstiftern verdanke ich daher auch einen gewissen Schliff, der mich daran hindert, Wege an der Gemeinschaft vorbei zu suchen.

Zusammenfassung

Gemeinschaftsstifter erlebten sich früh als Teil anderer Menschen und andere Menschen als Teil ihrer selbst. Sie entwickelten ein besonderes Empfinden dafür, was die Zusammengehörigkeit fördert und was sie stört. Dieses Empfinden drückt sich in einer Sehnsucht nach Unzertrennlichkeit aus, die die Charakterentwicklung von Gemeinschaftsstiftern vorantreibt. So entwickeln Gemeinschaftsstifter eine familiäre Herzlichkeit im Umgang mit anderen, eine besondere Einfühlungsgabe und die Fähigkeit, sich in die Welt eines anderen Menschen zu begeben. Gemeinschaftsstifter ermutigen, unterstützen und können ein menschliches Klima schaffen, in dem andere zu ihrer vollen Größe finden. Wenn Gemeinschaftsstifter in die Falle der Selbstaufopferung geraten, schwächt das ihr Potenzial. Sie können sich wirksamer verschenken, wenn sie der eigenen Persönlichkeit Raum verschaffen, wenn sie ihren eigenen Bedürfnissen und Zielen ein Gewicht beimessen. Gemeinschaftsstifter spiegeln einen Gott, der Menschen weit entgegenkommt, der Gemeinschaft ermöglicht und Menschen einen Entfaltungsraum schenkt.

HOFFNUNGSTRÄGER

Dieses Kapitel stellt uns Menschen vor, die uns zum Staunen bringen: durch ihren Charme, ihre Attraktivität oder ihren Erfolg. Hoffnungsträger bringen Menschen und Dinge in Bewegung. Sie spiegeln Gottes Wirken, das Leben verändert.

Maika hat ein Gespür dafür, worauf es ankommt. Schon als Schülerin ahnte sie, was Lehrer abfragen werden. Auch heute im Berufsleben trifft sie den Ton, der andere anspricht. Sie knüpft wichtige Beziehungen und beschafft die entscheidenden Informationen. Wird das Gespräch in einer Gruppe schleppend, erfasst sie die Bedürfnisse und macht einen Vorschlag, dem sich alle anschließen können. Ihre Freunde genießen Privilegien, denn Maika weiß, bei wem es Freikarten fürs Theater gibt. Sie wird auf alle Partys eingeladen und schleußt ihre Freunde ein. Sie duzt sich mit der Frau im Reisebüro und hört als Erste von den besten Angeboten.

Stefan fliegen die Sympathien zu, besonders weibliche. »Wie aus dem Katalog«, spottet eine Frau aus Stefans Umfeld, aber nur, um sich gegen seine Anziehungskraft zu wehren. Denn Stefan ist attraktiv, charmant und beruflich erfolgreich. Er braucht nur einen Raum zu betreten, schon richten sich die Blicke auf ihn. Unwillkürlich fantasiert man: Freundschaft mit Stefan bedeutet, an eine sprudelnde Quelle angeschlossen zu sein, aus der unentwegt Tatkraft, Optimismus, Witz, positive Gefühle und Erfolgsrezepte fließen. Stefan würde solche Fantasien zurückweisen. Er weiß, dass seine Wirkung auf harter Arbeit beruht, genau wie seine Erfolge.

»Streng, aber herzlich!«, so wird Gisela von ihren Schülerinnen und Schülern charakterisiert. Gisela kommt auch mit schwierigen Kindern und Jugendlichen klar, sie hat ein großes Repertoire, um eine Klasse zu führen. Wortgewandten Schülern begegnet sie schlagfertig. Drückebergern flößt sie Respekt ein. Zur Not kann Gisela wie ein Feldwebel auftreten. Ihre Schülerinnen und Schüler spüren aber, dass ihre Strenge nur ein Mittel ist. Sobald sie kooperieren, entsteht ein frisches, heiteres, ja freundschaftliches Klima. Daher hängen viele Schüler an Gisela. Am Ende des Schuljahres stehen sie mit Geschenken vor ihr. Manche schreiben ihr noch jahrelang, nachdem sie die Schule verlassen haben.

Maika, Stefan und Gisela verbindet die Sehnsucht nach Wirkung. Sie wollen die Aufmerksamkeit und Zustimmung anderer Menschen wecken. Sie wollen etwas in Bewegung bringen, Erfolge sehen, hervorbringen, was andere benötigen. Menschen, die zur Charakterfamilie der Hoffnungsträger gehören, fühlen sich am lebendigsten, wenn sie eine starke Resonanz spüren. Sie geben ihr Bestes, wenn sie spüren, dass sie Menschen gewinnen und etwas schaffen, das für andere einen Wert hat.

Ebenbilder eines wirkmächtigen Gottes

Wenn Hoffnungsträger ihre Gaben in den Dienst Gottes stellen, verändern sie das Gesicht der Welt. Häufiger als anderen schenkt ihnen Gott einen Blick dafür, was er vorhat und ins Leben rufen möchte. Denn Hoffnungsträger lieben es, Menschen in Bewegung zu bringen und im Zentrum eines Aufbruchs zu stehen. Man kann sie als Ebenbilder eines Gottes betrachten, dessen Kraft sich nicht in lieben Worten erschöpft. Gott greift wirksam in trostlose Lebensumstände ein. Er möchte bei den Menschen ankommen und in seiner lebensverändernden Kraft erfahren werden. Dieser Wesenszug Gottes spiegelt sich in der Sehnsucht nach Wirkung, die Hoffnungsträger antreibt.

Der Gott der biblischen Zeugnisse ist ein Gott der Tat. Wo sein Volk versklavt wird, beruft Gott einen, der die Flucht organisiert. Wo es seinem Volk an Nahrung fehlt, sorgt Gott für Brot. Wo Streit überhandnimmt, lässt er ein Rechtssystem entstehen. Wo Not herrscht, lässt Gott Menschen ein soziales Netz knüpfen. Gott lässt sich nicht in den geistigen Bereich zurückdrängen, er wirkt so, dass er Leib und Seele erreicht. Dazu gebraucht er Menschen. Unter denen, die sich mit Gottes Tatkraft verbinden, finden sich viele Hoffnungsträger.

Falle und Lebensaufgabe

Einen Vertreter der Charakterfamilie stelle ich Ihnen wieder ausführlicher vor, im Fall dieses Kapitels eine Vertreterin.

Als ich Claire kennenlerne, muss ich erst mal schlucken. Sie tritt gewandt und selbstsicher auf, ich könnte sie mir als Fernsehmoderatorin vorstellen. Claire trägt hohe Stiefel, Rock und Bluse im Country-Look. Ihre Sonnenbrille hat sie ins Haar gesteckt. Unter langen, getuschten Wimpern blicken mich unschuldige Augen an. Ich sehe an mir herunter und fühle mich schlecht gekleidet. Ich schäme mich für die Unordnung auf meinem Schreibtisch. Ich schweige länger als gewöhnlich, ich muss mein fliehendes Selbstbewusstsein einfangen, bevor ich wieder in meine Rolle finde.

Claire ist gerade aus einer glücklichen Ehe ausgebrochen, berichtet sie. »Wir waren die Musterfamilie in unserer Gemeinde.« Claire leitet ehrenamtlich die Jugendarbeit, ihr Mann das Musik-Team. Ihre drei Kinder sind hübsch und begabt, jedes spielt ein Instrument. Vor einigen Monaten begann es zwischen Claire und einem Mitarbeiter der Jugendarbeit zu knistern. »Er hat mich mit Komplimenten überschüttet und mir das Gefühl gegeben, der wichtigste Mensch auf der Welt zu sein. Vor allem hat er sich für meine Gefühle interessiert. Er hat Saiten zum Klingen gebracht, die noch nie jemand berührt hat.« Und Claire ergänzt: »Ich habe mein ganzes Leben lang funktioniert. Meine Rolle als Ehefrau und Mutter habe ich perfekt gespielt.« Claire hat sich leer gefühlt. Für eine kurze Zeit hatte es den Anschein, als könne sie nur ihr Bekannter zu sich zurückbringen.

Von dieser Illusion hat sich Claire jedoch abgewandt und auch von ihrem Bekannten. Stattdessen hat sie ihren Mann einbezogen. Der hat verständnisvoll reagiert. Doch Claire war weiterhin in Gefühlen von Sehnsucht und Verliebtheit gefangen. Das hat sie in Panik versetzt und ihr die Kraft für den Alltag geraubt.

Claires Leben war nach außen hin orientiert, in ihrer Rolle als Hausfrau, Mutter und Gemeindemitarbeiterin hat sie geglänzt. Als sich plötzlich jemand für ihr inneres Leben interessiert hat, haben sich emotionale Schleusen geöffnet. Claire ist in eine Falle geraten, vor der viele Hoffnungsträger eines Tages stehen: in die Falle der Selbstentfremdung. Bewunderung, Anerkennung und Erfolg motivieren zwar, stärken das Selbstwertgefühl und geben Auftrieb, zu einer emotionalen Befriedigung führen sie aber nicht. So stehen Hoffnungsträger manchmal inmitten von einem Netz guter Kontakte, werden für ihre Ausstrahlung und ihren Erfolg bewundert und fühlen sich doch leer, als würde das alles ihr Herz nicht erreichen. Claires Leben hat sich zu weit von dem entfernt, was ihr eigentliches Wesen ausmacht. Sie könnte nun ihr Lebensgefühl durch einen Flirt oder weitere Erfolge intensivieren. Claire spürt aber, dass sie das nur noch weiter von sich entfernen würde.

Claire steht vor einer Lebensaufgabe, die sich auch anderen

Hoffnungsträgern stellt. Ihre Sehnsucht nach Wirkung hat eine Kluft entstehen lassen zwischen ihren Gefühlen und ihrer Ausstrahlung, zwischen ihrem tieferen Wesen und dem Leben, das sie führt. Diese Kluft muss nun überbrückt werden. Die wahren Gefühle wollen einen Raum finden in der Begegnung mit anderen Menschen. Nicht als taktlose Offenheit, nicht als naive Selbstentblößung, sondern als ein Zu-sich-Stehen, als ein authentisches Einbringen der eigenen Person. Im zweiten Teil des Buches zeige ich genauer, wie Hoffnungsträger zu sich finden: »Hoffnungsträger kommen bei Gott an«.

Der Ursprung einer Sehnsucht

Wie entsteht eine Sehnsucht nach Wirkung? Sie entfaltet sich in Familien, in denen Aufmerksamkeit und Zuwendung an Bedingungen geknüpft sind. Eltern ist das natürlich nicht bewusst, aber ihre Reaktionen fallen einfach positiver aus, wenn das Kind einer bestimmten Rolle entspricht. Kinder tun dann alles dafür, wie Claire, die ihre Eltern begeistern konnte, wenn sie die Rolle eines süßen, begabten Mädchens ausfüllte.

Claire ist die zweite unter drei Schwestern. Heute blickt sie so auf ihre Kindheit zurück: »Ich war das Lieblingskind meiner Mutter, glaube ich. Wir hatten eine sehr enge Beziehung, auch wenn meine Mutter immer sehr beschäftigt war. Im Gegensatz zu meinen Schwestern habe ich gern die Kleidchen getragen, die Mutter so süß fand.« Als Jugendliche hatte Claire das Gefühl, dass sich die Liebe ihrer Mutter abkühlte, wenn sie einmal aus ihrer Rolle fiel. Der Vater arbeitete in leitender Stellung beim Bundesgrenzschutz. Er strahlte Autorität aus und ließ Menschen selten an sich heran. »Ich glaube, ich habe mit dem Geigespielen sein Herz gewonnen«, vermutet Claire. »Manchmal saß er in der ersten Reihe und hatte feuchte Augen, wenn ich vorgespielt habe. In den Tagen danach hatten wir ganz innige Momente.«

Wenn Claire in ihre Vergangenheit blickt, sieht sie nicht nur, wie sich ihre Sehnsucht nach Wirkung entwickelt hat, sondern auch, wie diese ihre persönliche Entwicklung vorangetrieben hat. In den folgenden Abschnitten zeige ich, welche Gaben die Sehnsucht nach Wirkung hervorbringt.

Die Gaben des Charakters

Hoffnungsträger haben meist ein gutes Gespür dafür, was gebraucht wird, seien es Beziehungen, Informationen, Mittel. So erschließen sie sich wichtige Kontakte, Informationsquellen und Ressourcen. Oft sitzen Hoffnungsträger an der Quelle und leiten deren Ströme Menschen zu, die ihnen wichtig sind. Hoffnungsträger sind oft kompetente Helfer, nicht weil sie ein Helferbedürfnis antreibt, sondern eher als Nebenprodukt ihres Charakters. Gerade diese Beiläufigkeit macht es anderen leicht, Hilfe anzunehmen, ohne sich klein, abhängig oder in einer Schuld zu fühlen. Hoffnungsträger öffnen Türen in einer ausweglosen Situation, indem sie einen Wink zur rechten Zeit geben, einen wichtigen Kontakt oder einen Job vermitteln.

In ihrer Persönlichkeitsentwicklung bilden Hoffnungsträger die Eigenschaften aus, die eine Antwort auf die Sehnsucht anderer Menschen geben. Je nach den Wünschen ihrer Umgebung sind sie sicher und selbstbewusst, fit und dynamisch, locker und souverän, klug und kompetent oder auch sozial und engagiert. Man darf sich das nicht als Schauspielerei vorstellen. Hoffnungsträger formen die Eigenschaften in sich aus, die andere begeistern, oft über einen langen Zeitraum. So strahlen sie auf andere Menschen aus: »Ich bin bereits da, wo du hinwillst.« Hoffnungsträger haben sich erschlossen, wonach andere sich noch sehnen. Tragischerweise ist das selten das, was Hoffnungsträger selbst sind und brauchen. Sie beziehen ihr Glück meist nicht daraus, worum andere sie beneiden. Ihr

Glück stellt sich oft am Rande ihres Lebens ein, in unbeobachteten Momenten. Hoffnungsträger gehen oft die tiefsten Beziehungen zu Menschen ein, die sich von ihnen nicht allzu sehr beeindrucken lassen.

Jede Gruppe in unserer Gesellschaft hat ihre Sehnsüchte. Mal ist es die Sehnsucht nach Sicherheit, mal nach Freizügigkeit, mal nach Disziplin, mal nach Gefühl. Zu einer Zeit sehnt sich eine Gruppe nach Aufbrüchen und großen Taten, zu anderen Zeiten nach Sinn und Übernatürlichem. Wer diese Sehnsüchte spürt und eine Antwort auf sie findet, erlangt großen Einfluss auf eine Gruppe. Hoffnungsträger haben oft die Gabe, das zu verkörpern, wonach sich die Mehrheit ihrer Bezugsgruppe sehnt. Das verleiht ihnen Ausstrahlung, Charisma und das Vermögen, Menschen in Bewegung zu setzen.

Hoffnungsträger schätzen andere oft daraufhin ein, wie wichtig sie für das Vorankommen sind. Menschen, die diese Prüfung bestehen, genießen die Sonnenseite von Hoffnungsträgern, sie erleben diese als warmherzig, interessiert und fördernd. Wer die Prüfung nicht besteht, kann sich leicht unbeachtet oder auf seine Funktion reduziert fühlen.

Beruf

Eine Sache nach außen darstellen und vertreten, zwischenmenschliche Netzwerke schaffen, Menschen begeistern und mitziehen, mit den verfügbaren Mitteln rasch Erfolge erzielen: Solche Fähigkeiten werden von Führungskräften verlangt. Sie fallen Hoffnungsträgern oft leicht, sie entspringen einfach ihrem Charakter. Dementsprechend finden sich viele Hoffnungsträger unter den Direktorinnen und Direktoren eines Unternehmens, in der Geschäftsführung oder in der Team- und Verkaufsleitung; nicht zuletzt auch unter Sekretärinnen, die oft Führungskräfte im Hintergrund sind. Ihre Fähigkeit, Aufmerksamkeit zu wecken und etwas darzustellen, zieht einige Hoffnungsträger zur Werbung oder in die Medien.

Hoffnungsträger bringen Leben in ein Team. Ihre Motivation motiviert und ihr Einsatz macht es wahrscheinlich, dass die gemeinsame Anstrengung zum Erfolg führt. Ein träges Team bringen Hoffnungsträger in Bewegung, an einem unbeweglichen können sie allerdings verzweifeln. Wo Vorschriften wichtiger sind als Ergebnisse, wo Selbstbespiegelung wichtiger wird als die Außenwirkung, droht das Potenzial von Hoffnungsträgern zu verkümmern. Dann richten Hoffnungsträger ihre Energie meist darauf, Beziehungen zu knüpfen, die in ein besseres Arbeitsfeld führen.

Beziehungen

Hoffnungsträger halten ihre Beziehungen lebendig. Ihre Unternehmungslust wird zu einer Quelle gemeinsamer Erlebnisse, die im Rückblick wie Meilensteine am Weg einer Freundschaft stehen. Hoffnungsträger pflegen meist einen großen Freundeskreis, zu dem die unterschiedlichsten Menschen gehören können. Sie genießen den Zugang zu den unterschiedlichen Möglichkeiten, die Menschen in eine Beziehung einbringen.

Die Sehnsucht nach Wirkung ist kein monogames Bedürfnis, es liegt im Wesen von Hoffnungsträgern, dass sie viele Menschen beeindrucken. Daraus ergibt sich eine Spannung, die nicht leicht aufzulösen ist. Manche Hoffnungsträger binden sich spät und genießen die Flirts, die ein Singledasein ermöglicht. Andere Hoffnungsträger binden sich an einen Partner, der über Flirts hinwegsehen kann. Nach allem, was ich in diesem Kapitel geschrieben habe, werden Sie mir glauben, dass Hoffnungsträger schon manches Herz gebrochen haben. Vielen Hoffnungsträgern gelingt es jedoch, ihre Anziehungskraft als Frau oder als Mann in den Dienst einer guten Sache zu stellen.

Sie führen andere Menschen mit einem besonderen Charme und menschlicher Wärme, sie entwickeln eine anziehende Mütterlichkeit und Väterlichkeit, die auch Menschen außerhalb der Familie genießen.

In ihren privaten Beziehungen stellen Hoffnungsträger oft einen intensiven Gefühlskontakt her. Sie wollen spüren, dass sie anderen wichtig und willkommen sind. Freundschaften und ihre Partnerschaft gestalten Hoffnungsträger oft als Inseln von Ehrlichkeit und persönlicher Offenheit. Dort vergewissern sie sich ihrer selbst, wo sie doch anderswo ihre Rolle so perfekt ausfüllen. Mit diesem Bedürfnis laden Hoffnungsträger auch andere ein, sich auf ein Zusammensein einzulassen, bei dem sich jeder geben kann, wie er ist.

Glaube

In aller Regel haben Hoffnungsträger einen praktischen Zugang zum Glauben: »Was wahr ist, muss auch funktionieren.« Hoffnungsträger durchschauen Glaubensformen, die um ihrer selbst willen betrieben werden und die niemandem dienen.

Wenn Hoffnungsträger eine dynamische Gemeinde finden, bringen sie sich dort ein und suchen Aufgaben, in denen sie etwas bewegen können. Zu einer unbeweglichen Gemeinde unterhalten Hoffnungsträger eine lockere Verbindung, die wenig Zeit und Kraft kostet. Oft entwickeln sie sich stärker außerhalb ihrer Gemeinde. Sie kommen weit in ihrem Beruf oder knüpfen ein großes soziales Netz. Das führt sie in einen fruchtbaren Austausch mit der Gemeinde: Sie selbst finden ein Zuhause, in dem sie auftanken können. Die Gemeinde lassen sie an ihren Fähigkeiten und Ressourcen teilhaben.

Hoffnungsträger entdecken oft erst in der Lebensmitte, dass der Glaube auch das innere Leben prägen kann: ihre Gefühle und Motivationen, ihr wahres Ich. Mit zunehmendem Alter wird Hoffnungsträgern der Ertrag ihres Einsatzes wichtiger als ihr Erfolg. Ihr Interesse erwacht für Glaubenserfahrungen, die sie selbst und andere in der Tiefe prägen. Besonders dann werden Hoffnungsträger zu geistlichen Anführern, die das Leben von Menschen verändern, sei es als Pastor, Seelsorger oder Kleingruppenleiter. Aber auch wenn Hoffnungsträger nicht nach einer Führungsaufgabe streben, gehen von ihnen oft lebensverändernde Impulse aus.

Mein Dank an die Hoffnungsträger

Wer mit einem Hoffnungsträger zusammenarbeitet oder befreundet ist, erfährt, was »Beziehungen« sind. Hoffnungsträgern verdanke ich viele Privilegien, die ich in meinem Leben schon genossen habe: Insiderwissen, Nebenjobs, Kontakte zu Menschen mit Einfluss. Hoffnungsträger erzielen mit einer Selbstverständlichkeit Erfolge, über die ich immer wieder staune. Sie haben mein Vertrauen gestärkt, dass sich etwas bewegen lässt, wenn man es richtig anpackt.

Andererseits haben mir Hoffnungsträger einige Illusionen geraubt: von den Faktoren, die beruflichen Erfolg bestimmen, von menschlicher Uneigennützigkeit und vom Zusammenspiel der Geschlechter. Denn Hoffnungsträger durchschauen die Spielregeln der Gesellschaft, aber auch die jeder Gruppe, in der sie sich bewegen. Diese sind leider nicht von so viel Ehrlichkeit und guten Motiven bestimmt, wie ich es mir in naiven Momenten gewünscht habe.

Vielleicht weil sie oft so publikumsbewusst auftreten, lieben Hoffnungsträger das authentische Zusammensein mit wenigen Menschen, denen sie wirklich vertrauen. Dann zeigen sie sich ganz ungeschminkt. Sie gehen tiefe, herzliche Verbindungen ein, die mich schon sehr bereichert haben.

Zusammenfassung

In ihrer Kindheit mussten Hoffnungsträger mehr als andere um Aufmerksamkeit und positive Zuwendung kämpfen. Sie entwickelten eine Sehnsucht nach Wirkung, die Menschen gewinnen und begeistern will. Hoffnungsträger bilden ein Gespür aus für das, was ankommt und wonach sich andere Menschen sehnen. Sie lernen rasch, wie man Beziehungen knüpft und wie man sich wichtige Informationen und Fähigkeiten aneignet. So können sie Menschen und Umstände beeinflussen. Hoffnungsträger entfremden sich dabei manchmal von sich selbst. Ihnen stellt sich die Lebensaufgabe, mit ihren tieferen Gefühlen und Bedürfnissen in Kontakt zu kommen und zu ihnen zu stehen. Hoffnungsträger spiegeln einen wirkmächtigen Gott, der in das Leben von Menschen rettend und umgestaltend eingreift.

SINNESWECKER

In der Familie der Sinneswecker finden sich stilbewusste Menschen, die dem Leben ihre persönliche Note geben. Mit ihrem ästhetischen Empfinden öffnen sie anderen die Sinne für die Vielfalt des Lebens. Sinneswecker sind Ebenbilder eines Gottes, der seine Identität vor Vereinnahmung schützt und der der ganzen Schöpfung sein Wesen einprägt.

In Imkes Gegenwart zeigt sich das Wesentliche. Liegt es an ihrem offenen Blick? Liegt es an ihrem Nicken, das Annahme vermittelt? Oder liegt es an ihren Fragen, die andere ermuntern auszusprechen, was sie wirklich denken und empfinden? Jedenfalls sind Menschen authentischer, wenn sie mit Imke sprechen, und irgendwie wacher, klarer, vielleicht sogar empfindungsfähiger. Imke öffnet sich gerne Neuem. Ihr Leben nimmt immer wieder überraschende Wendungen: eine spontane Reise zu einem außergewöhnlichen Ziel, ein Berufswechsel, ein neuer Bekanntenkreis. Dabei bleibt Imke dem treu, was sie für sich als echt und richtig erkannt hat. Zum Beispiel trägt das Fundament alter Freundschaften durch alle Veränderungen ihres Lebens.

Titus fiel früh durch seine Sprache auf, die außergewöhnlich und geschliffen klang. So nannten ihn Mitschüler »Professor«, halb bewundernd, halb spöttisch. Noch heute fehlt es Titus nie an originellen Vergleichen und Veranschaulichungen. Witze kann man seine Bemerkungen nicht nennen, es sind feine Pointen, über deren Gehalt man eine Weile nachdenken kann. Titus tritt dabei nicht intellektuell auf, im Gegenteil, er zieht sich selbst durch den Kakao. Er offenbart seine Missgeschicke und Irrtümer. Man macht sich ein Bild von Titus und er dementiert dieses, sobald er es bemerkt. Seine Freunde entdecken in ihm einen hoch empfindsamen Menschen. Titus leidet an einer Welt, die Menschen ihrer Würde beraubt und die viele dazu bringt, sich selbst zu verkaufen. Titus misstraut auch sich selbst und fragt sich häufig, ob er nicht zu viele Kompromisse eingeht.

Wenn es um Stilfragen geht, hält man sich an Sibylle. Die Details stimmen, wenn sie für eine Hochzeit dekoriert. Ihre Freundinnen haben sich von ihr schon zu Kleidungsstücken raten lassen, die sie sich nie gekauft hätten und die doch ihren Typ perfekt zur Geltung bringen. Sibylles ästhetisches Empfinden erfasst die ganze Lebensgestalt eines Menschen. So wenden sich andere auch an sie, wenn Lebensentscheidungen anstehen: »Passt der Beruf zu mir?« – »Kann ich an der Seite von ... das leben, was mir wichtig ist?«. Auch Sibylles eigenes Leben ordnet sich nach ästhetischen Gesichtspunkten: ihre Garderobe, die Optik ihres Bücherregals, ihre Schreibgeräte, alles folgt einer schlichten und überzeugenden Komposition.

Imke, Titus und Sibylle teilen eine Sehnsucht nach Echtheit. Sie wollen ihr Leben nicht in vorgegebene Formen pressen. Sie wollen sich entfalten, wie es ihrem tieferen Empfinden entspricht. Sie sehnen sich nach einer Welt, in der sich Menschen nicht verbiegen und nicht hinter Phrasen verstecken.

Ebenbilder eines schöpferischen Gottes

In Sinneweckern spiegelt sich ein kreativer Gott: Er hat sein Wesen in die Schöpfung eingeprägt und kann in ihr erkannt werden. Gleichzeitig behauptet der Gott der Bibel seine Identität gegen alle Vereinnahmungsversuche. Er frustriert diejenigen, die einen »lieben Gott« suchen, genauso wie die, die einen Gott suchen, der nach menschlichen Maßstäben »gerecht« ist. »Ich bin, der ich bin«, erklärt sich Gott im Alten Testament (2.Mose 3,14) oder in einer anderen Übersetzung: »Ich werde sein, der ich sein werde«.

Die göttliche Unlust, sich auf ein einfaches Bild festlegen zu lassen, können Sinneswecker verstehen. Denn man bringt sie kaum mehr in Rage, als wenn man sie in eine Schublade steckt. Sinneswecker drängt es, ihrem Wesen treu zu bleiben und ihm Raum zu geben. Das gestehen sie auch jedem anderen Menschen zu. Das Leben soll sich aus der Tiefe des eigenen Wesens heraus entfalten. Sinneswecker lassen sich daher als Ebenbilder eines Gottes verstehen, der sich in seinem schöpferischen Handeln offenbart und der Menschen in ihrem tiefsten Wesen begegnen will.

Falle und Lebensaufgabe

In unseren tiefsten Sehnsüchten entspringt das Wertvollste, was wir zu geben haben. In ihnen liegt aber zugleich unsere größte Verwundbarkeit, das gilt auch für die Sehnsucht nach Echtheit.

Sabrina trägt kurze blonde Haare, ein geflochtener Zopf fällt ihr rechts über Schläfe und Wange. Sie schminkt sich nicht, trägt keinen Schmuck, nur einen schlichten Silberring mit einem Türkis. Mit Sweatshirt, Jeans und leichten Turnschuhen könnte sie leger wirken, aber Farbe und Schnitt sind so gut auf ihren Typ abgestimmt, dass sie in einem Katalog für junge Mode erscheinen könnte. Sabrina fasziniert mich. Unwillkürlich komme ich in die Rolle eines bewundernden Betrachters: Sabrina berichtet schnörkellos, schonungslos ehrlich und ein wenig, als ob sie eine psychologische Studie über sich machen würde.

Sabrina macht eine Ausbildung zur Logopädin. Eigentlich hätte sie lieber Kunst studiert, weiß aber, dass damit kaum jemand sein Geld verdient. Also hat sie das Malen auf ihre Freizeit beschränkt. Im letzten Jahr lagen die schönsten Augenblicke ihres Lebens: Sabrina stieß auf eine kleine Gruppe, die sich zu Joints und zum kreativen Malen traf. Die inspirierende Gemeinschaft, ihr künstlerischer Fortschritt, die Freiheit von allen gesellschaftlichen Konvention gaben Sabrina ein Hochgefühl.

»Irgendwann hatte ich ein paar ziemlich schlechte Trips und Albträume«, berichtet Sabrina. »Außerdem kann ich nicht als Logopädin mit Kindern arbeiten und zu Hause kiffen.« Also verzichtete Sabrina auf die Joints, die Clique verlor das Interesse an ihr. Nun sah sich Sabrina einem Alltag gegenüber, in dem sie gelebt wird und sich andere nicht für das zu interessieren scheinen, was sie wirklich ausmacht. Das Leben schien keinen Sinn mehr zu machen. Sabrina verlor ihren Optimismus, jede Hoffnung, jeden Antrieb. Sie meldete sich krank, zog zu ihrer Schwester und verbrachte dort den Tag im Bett.

Wir versuchen gemeinsam zu verstehen, was sich hinter der Krise verbirgt. Sabrina quält das Gefühl, in ihrem Alltag nicht so sein zu dürfen, wie sie wirklich ist. Sie verliert sich in den Anforderungen der Ausbildung, die für jeden das Gleiche vorsehen, und in Beziehungen zu Kollegen und Nachbarn, die sie als oberflächlich empfindet. Sie fühlt sich austauschbar wie ein Rädchen im Uhrwerk. Sabrina hat feine Antennen dafür, wie sehr uns der Alltag in bestimmte Rollen drängt, wie sehr wir uns an Konventionen ausrichten und wie wir oft nur unsere Funktion ausfüllen. Andere scheint das nicht zu stören, doch Sabrina leidet. Wir sehen uns gemeinsam an, wie dieses lähmende Lebensgefühl entstanden ist. Sabrina hat andere etwas voreilig als stumpf und oberflächlich eingeschätzt, die Menschen, mit denen sie nun mal einen guten Teil ihres Lebens verbringt: ihre Kollegen, Nachbarn und andere Menschen, zu denen sie keine tiefe Beziehung hat. Sie hat sich selbst innerlich von ihren Mitmenschen entfernt. Sie hat aufgehört, sich mit dem zu identifizieren, was anderen wichtig ist. Je mehr sich Sabrina von anderen entfernt, umso weniger kann sie das erfahren, was sie im Tiefsten sucht: sich mit ihrer ganz eigenen Persönlichkeit einzubringen und zu erleben, wie sie anderen so willkommen ist und sie bereichert. Weil sie sich von dieser Erfahrung abgeschnitten hat, ist sie immer abhängiger von identitätsstiftenden Orten geworden, die außerhalb ihres Alltags liegen, wie ihrem Künstlerkreis.

Leichter als andere Charaktere geraten Sinneswecker in die Gefahr, sich selbst auszugrenzen. Aber nicht nur der Weg, den Sabrina gegangen ist, führt zu einer Selbstausgrenzung. Andere Sinneswecker richten ihren persönlichen Stil wie einen Stachel gegen die Gemeinschaft, besonders wenn sie frustriert sind oder sich zurückgewiesen fühlen. Dann missachten sie Umgangsformen oder die Erwartungen an den Kleidungsstil. Sie äußern unliebsame Überzeugungen auf provokante Weise. Sie lassen Routinetätigkeiten liegen und geben kreativen Aufgaben den Vorzug. Das kann sie an den Rand der Gemeinschaft bringen und manchmal über ihn hinaus.

Sabrina dagegen hat sich auf eine stille Weise ausgegrenzt. Sie steht nun vor einer Lebensaufgabe, die sie mit vielen Sinnesweckern teilt. Sie muss sich eine Identitätserfahrung suchen, die sich aus einem Gemeinschaftsgefühl speist. Nicht nur was uns von anderen unterscheidet, macht unser Ich aus, sondern auch das, was uns mit anderen verbindet. Nicht nur das Besondere gehört zu mir, sondern auch das, was ich mit anderen teile. Sabrina ist eine Frau unter Frauen, Patientin unter Mitpatientinnen, Azubi unter Azubis, Teil ihrer Familie. Das heißt nicht, dass Sabrina aufgeben müsste, die Besonderheit ihres Wesens auszuleben. Sie müsste nur lernen, einen Teil ihrer Identität von anderen zu empfangen: »Du bist die, die ich liebe, mit der ich dies oder das erlebt habe, die zu uns gehört.« Wie sich diese Schritte auf einem Glaubensweg gehen lassen, beschreibe ich im zweiten Teil des Buches: »Sinneswecker blicken in einen heiligen Spiegel«.

Der Ursprung einer Sehnsucht

Natürlich hat auch das Lebensthema der Echtheit seine Wurzeln. Es stellt sich Menschen, die als Kinder um ein stimmiges Selbstbild ringen mussten.

Sabrinas Vater arbeitete als Grafiker. Nach Sabrinas älterer Schwester hatte er sehr auf einen Sohn gehofft. Nach innerem Ringen hat er Sabrina als Mädchen annehmen können. Dennoch hat Sabrina ihren Vater manchmal als unzugänglich empfunden, als lebte er in einer anderen Welt, zu der ihr der Zugang verwehrt blieb. Sabrinas Mutter war sehr gefühlsbetont, sie verschloss sich gegenüber anderen Menschen, drückte aber ihre Gefühle in der Familie intensiv aus. Sabrina erinnert sich: »Irgendwie bin ich in ihren Gefühlen untergegangen. Obwohl unsere Beziehung eng war, bin ich nicht recht vorgekommen. Wichtig habe ich mich erst gefühlt, als ich begonnen habe, die Stimmungen meiner Mutter auszugleichen.« Sabrina wurde so etwas wie eine gute, unterstützende Freundin ihrer Mutter.

Sabrina hat viel Gutes von ihrer Familie mitbekommen: Kreativität und Lebensklugheit; beide Eltern waren zu tiefen Empfindungen fähig und konnten sie auch ausdrücken. Aber eines hat Sabrina nur wenig erfahren, jenen Begeisterungsruf, den Adam ausstieß, als er Eva erblickte: »Das ist Fleisch von meinem Fleisch und Bein von meinem Bein.« Adam erkennt sich wieder, er identifiziert sich mit Eva. Ein solches Gefühl vermittelt sich

Sinnesweckern weniger als anderen Menschen: »Du bist, wie ich bin. Du verkörperst, was ich gut finde.« Viele Sinneswecker fühlen sich in ihrem Elternhaus geborgen und geliebt, aber doch andersartig. Als Kinder entwickeln sie manchmal die Fantasie, adoptiert oder im Krankenhaus vertauscht worden zu sein. Die Eltern reagieren natürlich bestürzt, wenn ihr Kind solche Vermutungen äußert. Manchmal fühlen sich Sinneswecker wie ein schwarzes Schaf, zu empfindsam, zu impulsiv, zu sperrig, um ein gutes Glied der Familie zu sein. Aus solchen Erfahrungen wächst die Sehnsucht, dem eigenen Wesen auf die Spur zu kommen. Sinneswecker wollen sich nicht verstellen, nur um dazuzugehören. Sie sehnen sich nach Echtheit und nach Begegnungen, in denen sie mit ihrem ganz eigenen Wesen willkommen sind.

Die Gabe des Charakters

Schauspielerei und Schaumschlägerei, Aufgesetztes und Gekünsteltes: Sinneswecker durchschauen das sofort. Weder erfolgreiche noch mächtige Menschen beeindrucken sie, wenn ihr Leben keine Substanz hat. Auf der anderen Seite können sie staunend bewundern, wie ein Kind eine Herausforderung meistert. Und ihr Herz erwärmt sich, wenn ein Mensch zu seinen Lebensmöglichkeiten findet. Ihre Unbestechlichkeit macht Sinneswecker zu Anwälten des Lebens. Sie schwimmen gegen den Strom einer Gesellschaft, die sich des Lebens bemächtigt und Menschen von ihrer Natur entfremdet. Viele Sinneswecker sind zu einer sanften Fürsorge fähig, die beim anderen verweilt, mehr aus dem Sein als aus dem Haben schöpft und großen Respekt vor dem Weg des anderen hat.

Sinneswecker blicken unter die Oberfläche von Ereignissen und Begegnungen. Schon alltägliche Begebenheiten ziehen Kreise auf dem Wasserspiegel ihrer Seele. Bedeutsame Begegnungen schlagen Wellen und wühlen Sinneswecker manchmal bis zum Grund ihrer Seele auf. Nicht selten wünschen sich Sinneswecker eine Regenhaut, an der die Gischt des Alltags abperlt. Doch aus den überstandenen Stürmen wächst ihnen eine Seetüchtigkeit zu. Sie kennen die Witterungen des Seelenlebens in seinen feinen Bewegungen und in seinen abgründigen Kräften, in seiner Stärke und seinen Gefahren. Daher finden sie oft Worte für das, was andere erleben. Sie wecken den Mut, sich dem eigenen Wesen zu stellen, sie ermutigen, das Leben so zu nehmen, wie es ist.

Ein feines Empfindungsvermögen bringt oft noch eine weitere Gabe hervor: Viele Sinneswecker haben gelernt, Schmerz und schlechte Erfahrungen zu verwandeln. In aller Regel haben sie einen Hang zur Kunst, denn die Kunst verwandelt Erfahrungen, besonders wenn diese beängstigend, belastend und schmerzlich sind. Schwere Erfahrungen verwandeln heißt, ihnen einen Wert und sie in einen größeren Horizont stellen, der ihnen einen Sinn gibt. Manchmal ist das nicht möglich, dann findet das Unbegreifliche Platz in einer Gemeinschaft anderer Erfahrungen, die Lebenskraft spenden und auf den Ruinen schlimmer Erlebnisse neue Blumen wachsen lassen. Ihre Begabung, schwere Erfahrungen zu verwandeln, leben Sinneswecker manchmal als Seelsorger aus. In jedem Fall aber vermitteln Sinneswecker, dass andere mit dem willkommen sind, was sich unter deren Oberfläche verbirgt.

Beruf

Viele Sinneswecker zieht es in kreative Berufe. Sie werden Journalisten, Lektoren, Werbeleiter, Gärtner oder Dekorateure. Denn kreative Menschen bringen auch immer einen Teil von sich selbst in den Beruf ein. Andere wählen Berufe, in denen sie anderen helfen, ihr Wesen zu entdecken und zu entfalten. Dieses Anliegen lässt sich besonders in pädagogischen und sozialen Berufen verwirklichen. Sinneswecker haben ein Gespür für Menschenrechte, den Schutz von Minderheiten und den Schutz der Persönlichkeit.

Sinneswecker investieren sich selbst in berufliche Aufgaben. In ihre Arbeit fließt ihr Herzblut. Das befähigt Sinneswecker einerseits zu besonderen Leistungen, andererseits ist es schwer, die Arbeit von Sinnesweckern zu kritisieren. Denn auch die sachlichste Kritik trifft sie in ihrer Person. Wer etwas an ihrer Arbeit zu bemängeln hat, braucht daher viel Einfühlungsvermögen und sollte seine Worte behutsam wählen.

Die Zusammenarbeit mit Sinnesweckern heilt jede Betriebsblindheit. Sinneswecker widersetzen sich den Denkgewohnheiten und einem »Das haben wir schon immer so gemacht«. Sie bringen neue Perspektiven ein. Davon kann jedes Team profitieren, wenn es sich für Neues öffnet. Arbeitsplätze, an denen weder eigenständig gedacht noch gestaltet werden darf, frustrieren Sinneswecker zutiefst.

Beziehungen

Von Sinnesweckern geht etwas Frisches, Freies und Inspirierendes aus. Sie legen andere Menschen nicht mit Erwartungen und Wünschen fest, sondern geben dem Wesen des anderen Raum. Manche irritiert das, weil sich auf diesem Weg nicht so schnell Gemeinsamkeiten entwickeln. Wer Vertrautheit zu ihnen aufbauen möchte, muss zunächst eine Fremdheit aushalten. Eigentlich ist man ja jedem fremd, den man kennenlernt. Doch die meisten Menschen überspielen das. Sie betonen das Gemeinsame und verhalten sich, als hätte man schon eine gemeinsame Basis. Doch Sinnesweckern käme das unecht vor. Daher muten sie sich und anderen das Fremdsein zu. In der Beziehung zu Sinnesweckern kann man sich außerdem kaum am Geländer von Konventionen festhalten. Man muss seine Schritte frei tun und in einer unkonventionellen Beziehung sein Gleichgewicht selbst finden. Wer die innere Stärke dazu mitbringt, wird zu Sinnesweckern bedeutsame Beziehungen aufbauen, die eine schöpferische, befreiende und manchmal geradezu therapeutische Qualität haben.

Die Liebe von Sinnesweckern ist stärkeren Schwankungen unterworfen als die anderer Menschen. Sinneswecker sehen die besonderen Qualitäten eines Menschen und lassen sich von ihm inspirieren. Plötzlich entdecken sie, dass auch er kleinlich und oberflächlich sein kann. Der Mensch, der sie gerade angezogen hat, stößt sie nun ab. Sinneswecker, die sich diesen Gefühlsschwankungen stellen, entwickeln mit der Zeit eine nüchterne Liebe, der nichts Menschliches fremd ist.

Glaube

Sinneswecker bemerken die kleinen und großen Heucheleien in unseren Gemeinden. Ihr Blick erkennt alles Hohle, Fassadenhafte, die Unredlichkeiten, das Pharisäerhafte. Sie entlarven die Worte, hinter denen keine Taten stehen. Solche Beobachtungen können Sinneswecker in eine Glaubenskrise führen, wenn sie sich nicht mit einigen glaubwürdigen, authentischen Christen zusammenfinden.

Sinneswecker singen nicht enthusiastisch von Gottes Liebe, wenn sie sie nicht spüren. Sie singen auch nicht von ihrer Bereitschaft, einen bitteren Kelch zu empfangen, wenn sie das nicht wirklich meinen. Das bringt sie auf Distanz zu Glaubensformen und Lehrmeinungen, denen sich andere einfach anschließen. Manchmal stehen Sinneswecker deshalb am Rand einer Glaubensgemeinschaft. Dann suchen sie sich Menschen, die einen glaubwürdigen Weg gegangen sind, zur Not auch in einer geistlichen Lektüre. Von solchen Menschen erhalten Sinneswecker oft wichtige Anstöße für ihren Glauben. Eine Glaubensgemeinschaft handelt weise, wenn sie sich mit den Empfindungen und Entdeckungen der Sinneswecker auseinandersetzt. Dann blickt sie in einen Spiegel, wird ihrer selbst gewahr und kann zu einem Glauben finden, der von Selbsttäuschungen befreit ist.

Sinneswecker lassen ihrem eigenen Glauben keine Bequemlichkeiten durchgehen und keine Halbwahrheiten. Das macht ihren Glauben authentisch, aber auch anfälliger für existenzielle Zweifel. Sinneswecker brauchen die Gemeinschaft, Menschen, an deren Seite sie sich der Gegenwart Gottes aussetzen, zur Not schweigend.

Mein Dank an die Sinneswecker

Schule und Vereine, Ausbildungsträger und Arbeitgeber schaffen nicht unbedingt Orte schöpferischen Handelns. Auf allen Lebensstationen habe ich aber Menschen kennengelernt, die gegen den Strom geschwommen sind. Sie haben Farbe in das Grau einer Institution gebracht und waren gute Verbündete, wenn ich mich danach gesehnt habe, aus einer Routine auszubrechen, die das Denken dumpf macht und die Gefühle taub.

In Begegnungen mit Sinnesweckern habe ich aufgeatmet und meine Seele fand wieder die Form, die ihr entspricht. Vielleicht kennen Sie folgende Erfahrung: Sie haben eine Frage beantwortet, doch Ihr Gegenüber blickt Sie immer noch interessiert an, als hätten Sie erst eine Einleitung formuliert, um dann zum Eigentlichen zu kommen. In Gesprächen mit Sinnesweckern wird die Oberfläche des Lebens durchlässig. Es entsteht ein Raum für tiefere Wahrheiten und Empfindungen. Begegnungen mit Sinnesweckern haben mich gestärkt, zu mir zu stehen, mein Unbehagen ernst zu nehmen und meinen Träumen zu folgen.

Je näher man einem Menschen kommt, desto schwerer lassen sich die Erfahrungen beschreiben, in die eine Begegnung führt. Ich meine, dass Sinneswecker eine besondere Gabe haben, Intimität zu leben. Sie rücken einem nicht auf den Schoß, vereinnahmen nicht. Sie betonen keine Gemeinsamkeiten, wo keine sind. Im Gegenteil, Sinneswecker brauchen ihren persönlichen Raum, ihre Privatsphäre. Dennoch entsteht Intimität, wenn man einander mit tiefen Empfindungen und Gedanken berührt, wenn man sich von Wesen zu Wesen begegnet. Ich erinnere mich an viele Momente mit Sinnesweckern, in denen eine gute, zwischenmenschliche Intimität möglich war.

Zusammenfassung

Sinneswecker haben schon als Kinder um ihre Identität gerungen. Sie treibt eine Sehnsucht nach Echtheit, die das Empfindungsvermögen vertieft und die Fähigkeit weckt, die eigene Persönlichkeit kreativ auszudrücken. Sinneswecker führen anderen die Würde und Vielfalt des Lebens vor Augen, sie wecken andere aus dem Schlaf ihrer Gewohnheiten. Wo ihnen das nicht gelingt, geraten Sinneswecker in die Gefahr, sich selbst auszugrenzen. Sie entfremden sich innerlich von den Menschen, mit denen sie ihr Leben teilen. Sinnesweckern stellt sich die Lebensaufgabe, ein Wirgefühl aufzubauen, das ihnen erlaubt, ihre Identität auch aus der Zugehörigkeit zu anderen zu beziehen. Sinneswecker spiegeln einen schöpferischen Gott, der allem Geschaffenen sein Wesen einprägt und der in jedem Menschen ein einzigartiges Gegenüber sucht.

BRÜCKENBAUER

In diesem Kapitel begegnen wir zurückhaltenden Menschen, die mit wachen Sinnen die Welt in sich aufnehmen. Brückenbauer treibt die Sehnsucht nach einer Verbundenheit mit allen Menschen. In ihrem Charakter spiegelt sich ein versöhnender Gott, der Fremdheit und trennende Unterschiede überwindet.

Jochen leitet seinen Chor so, dass jeder seinen Platz findet. Die Lautstarken ruft er zur Mäßigung, die Leisen ermutigt er. Er geht wie ein Fotograf vor, der die Gruppe so lange arrangiert, bis jeder gut zu sehen ist. Nach der Probe findet Jochen für jeden ein persönliches Wort, das heißt, eigentlich sprechen hauptsächlich die andern. Doch seine zurückhaltende Zuwendung lässt einen Kontakt entstehen, durch den sich jeder auf seine Weise mit Jochen verbunden fühlt.

Anne könnte Geheimagentin werden, so geht sie in ihrer Umgebung auf. Ihre Kleidung, ihre Gesten und ihr Verhalten fügen sich unauffällig ein. Man kann kaum auf Anhieb sagen, warum man Anne mag. Und umgekehrt lässt sich auch nicht sagen, wen sie besonders mag. Anne wirkt wie die Sonne, die ohne Unterschied auf jeden scheint. Ihr stiller Dienst an der Gemeinschaft wird oft nicht wahrgenommen. Anne ist Geheimnisträgerin,

Vermittlerin, zugleich Kitt und Isolierschicht zwischen anderen. Natürlich trügt der Anschein, Anne sei frei von Abneigung, Zorn und Ambitionen. Ihre Gedanken und Gefühle teilt Anne aber nur mit wenigen Menschen.

Armin findet als Erster zu seinem Humor zurück, wenn sich in einem Projekt ein Hindernis an das andere reiht. Er hält eine philosophische Distanz zum Leben: Armin erkennt im Mist den Dünger, er macht den Kopierstau zum Sinnbild für ein allzu beschleunigtes Leben. In Besprechungen hält sich Armin mit schnellen Urteilen zurück. Er braucht Zeit, um eine Sache in ihr großes Ganzes einzuordnen. Manchmal kommt Armin nicht mehr zu Wort, manchmal wird er auch gedrängt, endlich etwas zu sagen. Aber zu mehr als lautem Denken ist Armin nicht zu bewegen, bevor er nicht alle Aspekte vor Augen hat. So lange müssen Urteile und Entscheidungen warten.

Jochen, Anne und Armin verbindet die Sehnsucht nach Verbundenheit. Jedem Menschen, jeder wichtigen Sache wollen sie einen Platz in ihrem Inneren geben. Die Sehnsucht nach Verbundenheit schließt allerdings ein, dass sich Menschen dieser Charakterfamilie vor Vereinnahmung schützen. Denn eine zu große Nähe nach einer Seite hin erzeugt einen Riss an der anderen. So begegnen uns Jochen, Anne und Armin auch als Menschen, die einen inneren Abstand wahren.

Ebenbilder eines versöhnenden Gottes

Brückenbauer spiegeln das Wesen eines Gottes, der eint, verbindet und die Menschheit mit seiner Liebe umschließt. Gott kann seine Liebe nicht auf einen kleinen Kreis von Menschen begrenzen. Er überwindet die sozialen Schranken. Gott nimmt die Liebe frommer Menschen an und gibt ihnen eine überraschende Wendung: »Wenn du mich liebst, dann geh zu den Menschen, die ausgeschlossen und vom Leben abgeschnitten sind.« Selbst

Jesus lernt, sich dem grenzüberschreitenden Willen Gottes zu fügen. Zunächst sieht er sich nur als Diener des jüdischen Volkes (Mt 15,21-28). Später ist auch sein Schüler Petrus unwillig, die Kraft Gottes zu den »Heiden« weiterzutragen (Apg 10,9 ff.). Es braucht viele Ereignisse, um ihn zu diesem Brückenschlag zu bewegen. Doch Gott geht noch weiter. Er möchte seine Liebe und Wahrheit nicht auf die Völker beschränken, die Israel umgeben. Sie sollen bis an die Enden der Welt getragen werden, zu Menschen jeder Nationalität und jeder Sprache (Apg 1,9; Offb 5,9).

Diese Universalität Gottes leuchtet Brückenbauern intuitiv ein. Sie entspricht ihrer Sehnsucht. In Brückenbauern lebt das Wissen um die Zusammengehörigkeit aller Menschen, um ihren gemeinsamen Ursprung, ihr gemeinsames Ziel. Daher lassen sie sich als Ebenbilder eines Gottes betrachten, dessen Liebe sich in Brückenschlägen äußert.

Der Charakter von Brückenbauern entspricht auch einer anderen Eigenschaft Gottes, die sich an den biblischen Zeugnissen ablesen lässt. Gott lässt sich von keiner Gruppe vereinnahmen, weder von einer Nation noch von einer Konfession, auch nicht von Anhängern bestimmter Frömmigkeitsformen. Gott steht der einfachen Frau Maria genauso nah wie Priestern. Menschen mit tadellosem Leben haben die gleiche Entfernung zu Gott wie der Verbrecher, der an Jesu Seite gekreuzigt wird: nur einen kurzen Schritt des Vertrauens, nur einen kleinen Brückenschlag des Herzens (Lk 23,42). Auch dem Charakter von Brückenbauern liegt es fern, sich mit Menschen auf eine Weise zu verbinden, dass sie Brücken zu anderen abbrechen müssen.

Falle und Lebensaufgabe

Auch der Sehnsucht nach Verbundenheit will ich auf den Grund gehen. Dazu betreten wir wieder mein Therapiezimmer und werden Zeuge einer Begegnung. Volker führte seine Sehnsucht zunächst in eine Krise.

Ich schlage Volkers Akte auf, um mich auf unser erstes Gespräch vorzubereiten. Er arbeitet als Sozialarbeiter in einer Psychiatrie, ist also quasi ein Kollege. Sein einweisender Arzt erwähnt die vielen Zusatzqualifikationen, die Volker in den letzten Jahren Kraft gekostet haben. »Oh, oh«, frage ich mich, »wie wird das wohl?« Jemanden zu begleiten, der selbst therapeutisch arbeitet, ist nicht immer ganz einfach.

Tatsächlich mustert mich Volker in unserer ersten Begegnung, aber offenbar nicht, um zu prüfen, ob er gut aufgehoben ist. Er scheint mich zu beobachten, um abzuschätzen, was für ein Mensch ich bin und welchen Weg er wählen muss, um mir zu begegnen. Volker bleibt sehr zurückhaltend. Er schildert seine Lebenssituation mit einer feinen Beobachtung. Aus seinen Worten schließe ich auf ein reiches, empfindsames Gefühlsleben. Davon gibt Volker allerdings wenig preis. Später zeigt er mehr von seinem Inneren, dann entstehen intensive, bedeutsame Momente, die noch lange nachklingen, wenn sich das Gespräch längst auf einer sachlichen Ebene fortsetzt.

Volker war durch seinen Beruf und seine Fortbildungen schon beansprucht. Vor einem Jahr mussten Volker und seine Frau eine Fehlgeburt bewältigen. Volker gelang dies recht gut, seine Frau trug aber lange daran. Volker kümmerte sich rücksichtsvoll um sie und versuchte, sie zu entlasten. Das alles hätte er wohl tragen können, wäre er nicht zwischen die Fronten eines Gemeindekonflikts geraten. Eine Gruppe Jugendlicher richtete schwere Vorwürfe an die Gemeindeleitung. Das geistliche Leben in der Gemeinde sei lau und unglaubwürdig, in der Gemeinde sei kein Raum mehr für eine richtige Jesus-Nachfolge. Als Verantwortlicher für die Jugendarbeit vermittelte Volker, er besprach sich bis tief in die Nacht mit den Gemeindeleitern. Dabei verlor ein Gemeindeältester die Beherrschung, beschimpfte Volker und wies ihn aus dem Haus. Wäre es nach Volkers nüchternem Verstand gegangen, wäre das noch kein Grund gewesen, die Verhandlung abzubrechen. Doch sein Körper sah das anders. Volker entwickelte Schlaf- und Herzrhythmusstörungen. Er fiel in einen Zustand, den er selbst leicht diagnostizieren konnte: eine Erschöpfungsdepression. Volker ist in eine Falle geraten, vor der sich alle Brückenbauer in Acht nehmen müssen. Er hat versäumt, die Herausforderungen mit einem gesunden Selbstschutz zu verbinden. Jeder braucht ein gewisses Maß an Schutz, denn Menschen verletzen, kränken, verwirren, verführen und setzen unter Druck. Unsere Sprache hat viele Bilder dafür, wie Erlebnisse in den leib-seelischen Raum eines Menschen eindringen: Etwas schlägt auf den Magen, geht an die Nieren. Ich nehme mir etwas zu Herzen. Etwas setzt mich unter Druck, macht mich krank, macht mich verrückt. Wer sich in kritischen Situationen nicht schützt, nimmt Schaden.

Selbstschutz bedeutet, Belastungen von der Seele fernzuhalten, indem man sich manchen Menschen und Situationen nur so lange aussetzt, wie man es verkraftet. Selbstschutz bedeutet auch, den inneren Raum zu pflegen und sich Zeit zu nehmen, um schwierige Erfahrungen zu verkraften. Brückenbauer haben es aus zwei Gründen schwerer als andere Menschen, sich zu schützen. Zum einen verführt sie ihre Sehnsucht nach Verbundenheit, länger mit Menschen und Situationen in Kontakt zu bleiben, als es gut für sie ist. Zum anderen haben Brückenbauer ihren inneren Raum schon früh als etwas erlebt, was man unter Kontrolle bringen muss. Früh haben sie einen gewissen Abstand von ihrem Gefühlsleben und ihren spontanen Impulsen hergestellt. Schützen kann sich aber nur, wer mit seinem Inneren gut in Kontakt ist. Denn ob ich einer Belastung gewachsen bin oder nicht, das kann ich nur spüren, nicht durch mein Denken erschließen.

Paradoxerweise können sich meist diejenigen am besten schützen, die ihre Gefühle offen zeigen. Positive Gefühle wie Liebe, Interesse und Mitgefühl entwaffnen oft und machen andere Menschen zu Verbündeten. Negative Gefühle wie Zorn, Enttäuschung, Empörung und Missbilligung schaffen Abstand. Gefühle klären die Fronten und helfen, eine gute Position gegenüber anderen Menschen zu finden. Eine, die stimmig ist und die im Fall schwieriger Beziehungen auch auf Dauer auszuhalten ist. Einen offenen Gefühlsausdruck zu lernen, gehört zu der Lebensaufgabe von Brückenbauern. Sie lernen, Türen zu öffnen und Türen zu schließen, Zäune abzubauen und Zäune aufzurichten, je nachdem, wie eine Situation es erfordert. Wie sich der Glaube auf den seelischen Raum auswirken kann, zeige ich im zweiten Teil: »Brückenbauer entfachen ein inneres Feuer«.

Volker hat sich in seiner Therapie sehr mit der Frage nach einem angemessenen Selbstschutz beschäftigt. Dabei sind wir auch der Frage nachgegangen, wo seine Sehnsucht nach Verbundenheit entspringt. Auf der Suche nach einer Antwort haben wir uns Volkers Lebensgeschichte zugewandt.

Der Ursprung einer Sehnsucht

Volkers Vater war als Kriegswaise aufgewachsen und trug belastende Lebenserfahrungen in sich. Er war ein zurückhaltender Mann, der Ruhe und Stabilität in die Familie brachte. Seine Mutter erlebte Volker als impulsiv. Sie konnte sehr zornig und aufbrausend sein, dann wieder sehr innig. Beide Eltern arbeiteten in den ersten Lebensjahren von Volker viel, außerdem forderte ein Hausbau ihre Kräfte. So war Volker häufig auf sich allein gestellt, was ihm aber wenig auszumachen schien. Volker erinnert sich an die Worte seiner Mutter: »Du hast stundenlang allein gespielt. Ich hatte das Gefühl, du willst gar nicht gestört werden.«

Volker musste mehr Stürme in der eigenen Seele bewältigen als andere Menschen. Denn erstens wurde ihm viel Selbstständigkeit zugemutet. Weniger als andere genoss er die tröstende und beruhigende Gegenwart der Eltern, die die Wogen der

Seele glättet. Zweitens dringen traumatische Erfahrungen eines Elternteils in den seelischen Raum eines Kindes ein, wie es Kriegserfahrungen tun. Vermutlich hat Volkers Vater Geschichten aus seinem Leben erzählt oder Volker hat beobachtet, wie sich im Gesicht des Vaters alte Gefühle zeigen, bevor er seine Fassung zurückgewonnen hat. Und drittens dringen Liebe und Zorn impulsiver Menschen besonders tief in den Raum eines Kindes ein, wie wir es in der Beziehung von Volker und seiner Mutter vermuten können. Alle drei Erfahrungen kann ein Kind bewältigen: die Notwendigkeit von Selbstständigkeit, Lebensbelastungen der Eltern und die Impulsivität eines Elternteils. Aber dazu muss es Fähigkeiten aufbauen, die ihm erlauben, immer wieder in ein seelisches Gleichgewicht zu finden.

Ein Kind kann die Stürme in seiner Seele auf zweierlei Weise abschwächen. Zunächst kann es zu seiner eigenen Gefühlswelt einen Abstand einnehmen. Dann kann es auch zu äußeren Ereignissen auf Abstand gehen. Denn je mehr Distanz man hat, desto weniger lösen Ereignisse etwas bei einem Menschen aus. Der Schutzmechanismus der Distanz steht erwachsenen Brückenbauern als Fähigkeit zur Verfügung: als Nüchternheit, Besonnenheit und Objektivität. Alle diese Tugenden erfordern, dass ein Mensch Abstand zu den Dingen findet und sich nicht zu sehr von seinen Gefühlen bestimmen lässt.

Die seelische Distanz hat aber auch eine Kehrseite, sie kann ein Gefühl von Einsamkeit und Leere wecken. Diese Gefühle erlebt mancher Brückenbauer in dunklen Momenten seines Lebens. Aus ihrem inneren Abstand wächst die Sehnsucht nach Verbundenheit. In ihrer Entwicklung entfalten Brückenbauer daher viele Fähigkeiten, die ihnen helfen, eine Brücke zur Welt und zu anderen Menschen zu schlagen. Natürlich stellt sich diese Herausforderung auch allen anderen Menschen. Jeder fühlt sich einmal einsam und leer, jeder möchte mit anderen Menschen verbunden sein. Doch Brückenbauer verspüren diese menschliche Herausforderung in besonderem Maß.

Die Gaben des Charakters

Brückenbauer haben die Fähigkeit, sich innerlich mit Menschen und Dingen zu verbinden. Sie sind oft gute Tüftler, Entdecker und Problemlöser, weil sie an einer ungelösten Aufgabe dranbleiben, sie mit sich und in sich tragen. Auch in menschlichen Beziehungen bleiben sie dem anderen verbunden, auch wenn andere nicht in ihrer Nähe sind. Die gemeinsamen Erfahrungen bleiben im Inneren der Brückenbauer lebendig. So kann man einem Brückenbauer nach langer Zeit begegnen und an das letzte Zusammensein anknüpfen, als wäre es gestern gewesen.

Brückenbauer sind sehr empfänglich für Eindrücke und empfinden die Beziehungen zu anderen Menschen sehr intensiv. Dabei hält sich der Wunsch nach Nähe die Waage mit einer Angst vor Nähe. Daher achten Brückenbauer unwillkürlich darauf, dass nicht zu viel Nähe entsteht. Sie sichern sich Rückzugsräume, versprechen nicht zu viel und machen sich zuweilen unsichtbar: Sie überlassen anderen die Initiative, die Aufmerksamkeit und den Applaus. Dadurch bewahren sie sich eine Unabhängigkeit in ihrem Denken, Fühlen und Handeln.

Viele Brückenbauer sind Sammler. Sammeln ermöglicht eine Teilhabe an der Welt. Brückenbauer sammeln Erfahrungen, zum Beispiel indem sie sich eine Offenheit für die unterschiedlichsten Menschen bewahren. Manche sammeln Wissen, Theorien und unterschiedliche Sichtweisen des Lebens. Andere sammeln Bücher und CDs, weil sich in Literatur und Musik Leben abbildet, das man aufnehmen und mit dem man sich verbinden kann. Auf ihrem Interessensgebiet gleichen Brückenbauer manchmal einem Archiv, sie können beinahe zu jeder Frage eine Auskunft geben. Weil Brückenbauer mehr in sich aufnehmen, als sie herausgeben, werden sie reich. Ihren Reichtum verschleudern sie nicht, teilen ihn aber gerne mit Menschen, die ihn schätzen können.

Zum Schluss wollen wir noch auf drei Lebensbereiche schauen und sehen, wie sich der Charakter der Brückenbauer dort entfaltet.

Beruf

Viele Brückenbauer zieht es in Berufe, in denen sich das Handeln aus einer Theorie ableitet. Sie verstehen eine Theorie als unsichtbares Netz aus Fäden, die alles mit allem verbindet. Geistliche erklären sich die Welt aus der Theologie heraus. Sie treten gewissermaßen in eine theologische Verbindung mit dem Leben und gewinnen aus ihr Gedanken und Impulse für ihr Handeln, auch für die Begegnung mit Menschen. Auch Ärzte, Psychologen, Physiker, Ingenieure, Juristen und Betriebswirte haben ihre Theorien genau wie Optiker, Elektriker und Wetterkundler. Andere Brückenbauer suchen im Beruf eine bedeutsame Form der Weltaneignung, wie es Fotografen, Journalisten, Buchhändlern und Museumsangestellten möglich ist. Ihre Fähigkeit, zu unterschiedlichen Menschen eine Brücke zu schlagen, leben Brückenbauer auch in sozialen Berufen aus. Man findet sie zum Beispiel unter Lehrerinnen, Erziehern und Krankenschwestern.

Brückenbauer fühlen sich am wohlsten, wenn sie Teamarbeit mit selbstständiger Arbeit verbinden können. Ihre Freundlichkeit, ihr gutes Zuhören, ihre bescheidene Zurückhaltung machen Brückenbauer zu ausgesprochen angenehmen Kollegen. Nur in Situationen, in denen sich einer entschieden einmischen muss, zögern Brückenbauer oft lange. Als Vorgesetzte beispielsweise lassen sie Menschen mit Fehlverhalten zu lange gewähren.

Beziehungen

Brückenbauer binden sich innerlich stark an andere, bringen das aber nur vorsichtig zum Ausdruck. Sie sind sehr empfänglich für emotionale Nähe und für die Gefühlssprache anderer, als Ausgleich sorgen sie dafür, dass nicht zu viel Nähe entsteht. Wem Brückenbauer noch nicht viel von ihrem Empfinden anvertraut haben, den kann das irritieren. Dann werden Brückenbauer entweder als desinteressiert eingeschätzt oder als jemand, der nicht viel beizutragen hat. Viele Brückenbauer stören sich an solchen Einschätzungen nicht, weil sie ihnen eine Art Unsichtbarkeit verleihen.

Wer Brückenbauer näher kennenlernt, bemerkt, wie sehr sie sich von Worten und gemeinsamen Erlebnissen berühren lassen. Er schätzt ihre unaufdringliche Verbundenheit, findet eine treue Zuneigung und einen Raum, um sich mit seinen Gedanken und Gefühlen einzubringen. Brückenbauer kommentieren selten, was sie hören, und äußern noch seltener Ratschläge. Doch wenn sie reagieren, hat ihre Antwort eine Tiefe, die sie in längerem Nachdenken und Nachspüren gewonnen haben.

Brückenbauer kommen in die Klemme, wenn sie von anderen zu Reaktionen gedrängt werden. Es kommt ihnen dann vor, als würde jemand in ihren inneren Raum eindringen und sich dort breitmachen. Solche Momente sind die einzigen, in denen sie gerne die Brücke zu anderen abbrechen würden. Manche begeben sich dann in eine Burg des Rückzugs. Andere machen sich durch unauffälliges Verhalten unsichtbar. Viele Brückenbauer lernen, zu sich zu stehen: »Ich brauche meine Zeit und meine Freiräume.« Sie können Menschen signalisieren, wenn sie sich bedrängt und vereinnahmt fühlen. Wenn sich Brückenbauer ihrer Privatsphäre sicher sind, bringen sie sich gefühlsoffen und spontan ein.

Glaube

Viele Brückenbauer haben eine kontemplative Gabe. Sie lieben die Stille, geben sich den Eindrücken biblischer Geschichten hin, spüren den großen theologischen Linien nach, lauschen der Stimme Gottes. Andere verwurzeln sich, indem sie in Gespräch, Gebetsgemeinschaft und Liedern zu den Quellen des Glaubens vordringen. Brückenbauer werden manchmal zum Opfer geschäftiger Gemeinden, die beharrlich Engagement einfordern: keine Mitgliederversammlung ohne Ermunterung zur Mitarbeit, kein Treffen ohne Listen, auf denen man sich zum Kuchenbacken und anderen Diensten eintragen kann. Weil auch das Gewissen von Brückenbauern sehr empfänglich ist, können sie sich solchen Appellen nur schwer entziehen. Aber zu viel Aktivität droht ihr Potenzial zu ersticken: den Glauben aus einem reichen inneren Leben heraus zu gestalten.

Brückenbauer haben einen Blick für die Universalität des Glaubens. Ich habe noch keinen Brückenbauer kennengelernt, der sich auf nur eine Frömmigkeitsform festgelegt hätte oder auf eine einzige theologische Auffassung. Brückenbauer haben ein offenes Auge dafür, was sich in der weltweiten Kirche Christi tut. Mit ihrem weiten Horizont können sie die Gemeinde bereichern, zu der sie gehören. Sie können Probleme aus einem engen Gemeinderahmen in einen größeren Zusammenhang stellen. Oft verkörpern Brückenbauer Ökumene im positiven Sinn: Sie empfinden eine Verbundenheit mit anderen Glaubensrichtungen, ohne die Unterschiede für belanglos zu erklären. Aber auch die einzelne Gemeinde muss zu einer Art Ökumene finden. Denn sie will ja ein Zuhause sein für Menschen mit ganz unterschiedlichen Prägungen und Persönlichkeiten. Dabei müssen Unterschiede gewürdigt und überbrückt werden. Eine Gemeinde, die sich von ihren Brückenbauern prägen lässt, wird die notwendige Einheit finden.

Mein Dank an die Brückenbauer

Brückenbauer sind mir besonders als Gesprächspartner in Erinnerung. Von ihnen habe ich mich stets ernst genommen gefühlt, weil sie meinen Worten Raum gaben, sich von ihnen berühren ließen und ihnen oft noch nachgingen. Gleichzeitig haben sie meine Gedanken ergänzt und in einen größeren Rahmen gestellt. Brückenbauer haben ein Klima geschaffen, in dem ich mich ganz frei mitteilen konnte und trotzdem einen heilsamen Abstand zu meinem Erleben gefunden habe. Dabei ist eine menschliche Nähe entstanden, die ich als sehr aufbauend erlebt habe. Brückenbauer sind keine Menschen, mit denen man sich mehrmals in der Woche trifft oder mit denen man häufig telefoniert. Es entfaltet sich eine Beziehung, in der Freiräume von bedeutsamen Begegnungen unterbrochen werden. Brückenbauer haben mir das Gefühl gegeben, bei ihnen ein Zuhause zu haben, einen geistigen und emotionalen Stützpunkt in einer bewegten Welt.

Brückenbauer haben auch mein Denken geprägt. Wozu Bücher lesen, Wissen erwerben, versuchen, die Welt zu verstehen? Um mich abzusichern? Um Erfolg zu haben? Um Menschen beeinflussen zu können? Um Anerkennung zu finden? Brückenbauer haben mir ein positives Ziel für mein Denken gezeigt. Es dient dazu, »alles vom anderen zu verstehen« (Frère Roger) und ein »gemeinsames Leben« (Dietrich Bonhoeffer) aufzubauen.

Denken errichtet die Brückenpfeiler, über die sich Wege zu anderen Menschen bauen lassen. Zu dieser Einsicht haben mich nicht nur die Bücher großer Brückenbauer geführt, sondern auch das Beispiel von Freunden und Bekannten.

Zusammenfassung

Brückenbauer lernten früh, die Stürme in ihrer Seele eigenständig zu bewältigen. Dabei nahmen sie Abstand von ihren Gefühlen und von anderen Menschen. Diese Haltung macht sie zu unbestechlichen, nüchternen Menschen. Gleichzeitig lebt in ihnen eine Sehnsucht nach Verbundenheit, die den Abstand zur Welt und zu anderen Menschen zu überbrücken sucht. Brückenbauer haben ein universales Herz, das für die unterschiedlichsten Menschen Platz hat. Manchmal entfernen sich Brückenbauer zu weit von ihrer Gefühlswelt. Dann bemerken sie zu spät, wenn ihnen etwas nicht guttut. Ihnen stellt sich die Lebensaufgabe, mit den eigenen Gefühlen in Kontakt zu bleiben und sich in schwierigen Beziehungen zu schützen. Brückenbauer spiegeln einen Gott, der zu jedem Menschen eine versöhnende Brücke schlägt, sich aber nicht auf eine vereinnahmende Nähe einlässt, die andere ausschließt.

VERTRAUENSSTIFTER

In dieser Charakterfamilie begegnen uns sehr unterschiedliche Menschen: vorsichtige und solche, die auf Mutproben aus sind, freiheitsliebende Menschen und solche, die sich an Regeln orientieren. Allen gemeinsam ist das Lebensthema der Sicherheit. Vertrauensstifter sehnen sich nach verlässlichen Beziehungen und einem Schutz vor den Risiken des Lebens. Ihre innere Suche führt Vertrauensstifter zu dem, was trägt. In ihrer Verlässlichkeit sind sie Ebenbilder eines Gottes, der Halt schenkt und sicher durch die Stürme des Lebens führt.

An Lisa orientieren sich viele Kolleginnen und Kollegen. Wenn ihr Chef ein Projekt einführt, wandern die Blicke zu Lisa. Die Kollegen versuchen an ihrer Reaktion abzulesen, ob man der neuen Sache vertrauen kann. Der Chef wiederum wendet sich mit seinen Argumenten an Lisa, vielleicht ist ihm das gar nicht bewusst. Vielleicht hat er auch bemerkt, wie viel Gewicht ihr Urteil in der Abteilung hat.

Als Jugendleiter fordert Bertram Disziplin und Einsatz, dennoch lieben ihn die Jugendlichen. Seine Klarheit und Autorität geben ihnen ein Gefühl der Sicherheit. Die Jugendlichen lehnen sich bei Bertram an und suchen seinen Rat. Die Maßstäbe, mit denen er andere misst, legt Bertram auch an sich selbst an. Bleibt er hinter ihnen zurück, gesteht er es offen ein. Dass Bertram seine Fehler so schonungslos offenlegt, hat die Jugendlichen erst irritiert, dann aber ihr Vertrauen geweckt.

Heike strahlt eine solche Sicherheit aus, dass Freundinnen zusammen mit ihr Neues wagen: zum Beispiel eine Rucksacktour oder die Moderation einer Hochzeit. Freundinnen suchen auch Heikes Rat, wenn sie ein Wagnis eingehen wollen. Zu ihrer Überraschung zeigt Heike auch ängstliche Seiten. Schon oft haben sie Heike gedrängt, im Beruf häufiger Nein zu sagen. Aber da ist nichts zu machen. Das scheint für Heike so unmöglich wie für andere ein Sprung vom 10-Meter-Brett.

Lisa, Bertram und Heike zähle ich zu einer Charakterfamilie, die ich Vertrauensstifter nenne. Glieder dieser Familie haben einen sechsten Sinn für Gefahren. Sie erkennen, was verlässlich ist und was nicht. Lisa nimmt wahr, was in anderen Menschen vorgeht. Sie sieht vieles voraus, wie sich die Dinge in einem Team entwickeln oder wie Kunden auf ein Angebot reagieren werden. Bertram verkörpert klare Maßstäbe, die darüber entscheiden, ob sich ein Mensch in seinem Leben bewährt. Heike hat sich vielen Gefahren gestellt und einen sicheren Umgang mit ihnen erlernt. Lisa, Bertram und Heike haben sich Fähigkeiten angeeignet, die Vertrauen wecken, Ängste abbauen und Menschen einen Halt geben. Diese Fähigkeit hat eine Sehnsucht nach Sicherheit hervorgebracht, die alle Vertrauensstifter antreibt.

Ebenbilder eines verlässlichen Gottes

In Vertrauensstiftern spiegelt sich ein Gott, der vor Gefahren bewahrt. Unter dem Aspekt der Sicherheit lässt sich die Botschaft der Bibel so zusammenfassen:

1. Akzeptiere eine Lebensordnung, die dich daran hindert, dich selbst zu Fall zu bringen.
2. Binde dich an Gott mindestens so stark wie an Menschen und Dinge, dann kann dich die Hand Gottes allen Gefahren entreißen.

Vertrauensstiftern leuchtet die eine biblische Sicherheitspolitik ein: Der Mensch braucht eine tragfähige Lebensordnung und er braucht eine Bindung an eine vertrauenswürdige Autorität. Auf dem Boden dieses intuitiven Wissens können Charaktereigenschaften wachsen, die auch das Wesen Gottes ausmachen: Glaubwürdigkeit, Treue und Verlässlichkeit.

Wenn Vertrauensstifter darauf aus sind, in ihrem Leben festen Boden unter die Füße zu bekommen, gilt das auch für ihren Glauben. Sie finden zu einer Auffassung des Glaubens, die nicht morgen durch das Leben widerlegt wird. Aus der biblischen Botschaft gewinnen sie Maßstäbe, die tragen, sei es für das Zusammenleben, für Lebensentscheidungen oder für die Art und Weise, wie sie ihre Gottesbeziehung gestalten. Dadurch verkörpern sie häufig eine biblische Botschaft: Wer sein Lebenshaus auf ein festes Fundament stellt, kann sich den Stürmen des Lebens aussetzen.

Falle und Lebensaufgabe

Im Grunde müsste ich Ihnen vier Charaktervarianten vorstellen, die ihre Sehnsucht nach Sicherheit jeweils unterschiedlich gestalten. Manche finden Sicherheit darin, dass sie ihr Leben nach klaren Maßstäben ordnen. Andere suchen sich vertrauenswürdige Autoritäten und orientieren sich an ihnen. Wieder andere suchen riskante Situationen und beweisen sich ihre Fähigkeit, sich in diesen zu bewähren. Und schließlich gibt es auch Menschen, die in allen Verpflichtungen und Bindungen ihre

Freiheit bewahren. Sie halten sich eine Tür offen, durch die sie in gefährlichen Situationen entkommen können.

Hier noch einmal die Strategien im Überblick, die die Charaktervarianten von Vertrauensstiftern bestimmen:

1. Sicherheit durch Orientierung an klaren Maßstäben
2. Sicherheit durch die Orientierung an glaubwürdigen Autoritäten
3. Sicherheit durch das Bewältigen riskanter Situationen
4. Sicherheit durch das Bewahren von Freiheit

Sicherheit suchende Menschen kombinieren diese Strategien manchmal. Sie wenden mehrere gleichzeitig an oder setzen in einem Lebensbereich auf diese, in einem anderen auf jene Strategie. Keiner kann das im Alltag alles analysieren. Dennoch kann man ein Gefühl dafür entwickeln, ob man von einem Sicherheitsbedürfnis geleitet wird und wie sich dieses bemerkbar macht.

Ich werde nur einen Zweig der Charakterfamilie genauer vorstellen und wähle das Beispiel eines Mannes, dessen Sicherheitsbedürfnis Freiheit sucht.

Achim begegnet mir mit entwaffnender Freundlichkeit. Den Beginn eines Gesprächs lockert er oft durch einen Scherz auf. Die Gespräche mit Achim machen Spaß, er kann sich auf witzige Weise selbst entlarven. Achim zeigt ein feines Taktgefühl, z. B. wenn er mir durch die Blume sagt, was sich im Klinikbetrieb noch verbessern ließe. So wie er es sagt, fühle ich mich weder angegriffen noch bloßgestellt. Nach einigen Gesprächen fällt mir auf, wie unverbindlich unsere Begegnungen bleiben. Achim sieht sich überall interessiert um, bleibt aber an der Wegkreuzung stehen. Er schlägt keine eindeutige Richtung ein. Manchmal wirkt es, als habe er vergessen, was ihn in die Klinik führt.

Seit einigen Monaten wird Achim von Ängsten heimgesucht. Beruflich schult Achim Verkäufer. Wenn er in der Vergangenheit vor vielen Menschen sprach, hatte er immer schon etwas Lampenfieber. Aber in jüngster Zeit begannen seine Finger zu zittern und Schweißperlen traten auf seine Stirn. Eines Morgens war die Angst so stark, dass sich Achim krankmeldete. Er ist sonst kein ängstlicher Typ, deshalb kann Achim die Ängste nicht verstehen. Ein Blick auf seine Lebenssituation zeigt jedoch, dass Achims Freiheit auf dem Spiel steht, sowohl im beruflichen als auch im privaten Leben. Lange Jahre hatte Achim einen Vorgesetzten, der ihm vertraute. Solange es keine Beschwerden gab, konnte Achim schalten und walten. Achims neuer Chef verlangt Tätigkeitsberichte und eine genaue Jahresplanung. An die Fortbildungsteilnehmer soll Achim Feedback-Bögen verteilen, deren Ergebnisse auch dem Chef vorgelegt werden. Achim erhielt gute Rückmeldungen, trotzdem fühlte er sich eingeengt. Ein ähnliches Gefühl der Enge stellte sich in Achims Ehe ein, wenn auch aus anderen Gründen. Lange hatte er auf den Kinderwunsch seiner Frau zögerlich reagiert. Achim mag Kinder sehr. Doch die Vorstellung, sich als Vater in eine umfassende, jahrzehntelange Verantwortung einbinden zu lassen, schreckt Achim ab. Schließlich riss seiner Frau der Geduldsfaden. Sie drohte Achim mit einer Trennung.

Schwierige Situationen löste Achim oft so, dass er eine Weile Abstand suchte. Wenn in der Ehe dicke Luft war, verschwand er erst mal in die Sauna oder ins Kino. War der Zorn auf beiden Seiten verraucht, ließ sich leichter ein Kompromiss finden. Achim fand zu seinem Humor zurück und konnte die Dinge gelassen sehen. Ähnlich ging es ihm bei der Arbeit. Wenn er erschöpft oder frustriert war, setzte er sich manchmal einen ganzen Morgen ins Café und las Zeitung. Er konnte sich seine Zeit frei einteilen, er musste niemandem Rechenschaft ablegen. Die verlorene Zeit holte er später wieder auf.

Durch den neuen Chef und die Frage nach Kindern drohten Achim Freiheitsbeschneidungen, auf die er mit Panik reagierte. Achim ist in eine Falle geraten, in die auch andere Vertrauensstifter geraten können: die Falle der Angstvermeidung. Häufig vermeiden Vertrauensstifter Situationen, die ihre Ängste wecken. Sie ziehen ihren Lebensrahmen enger, als es nötig wäre. Manche Situationen lassen sich aber nur bewältigen, wenn man die selbst gesteckten Grenzen überschreitet und Neuland betritt. Gewiss, Achim könnte sich für Kinderlosigkeit entscheiden und seine Frau damit konfrontieren. Aber ich hätte nicht das Gefühl, dass ihm dieser Lebensentwurf entspräche. Achim könnte sich weigern, mit einem fordernden Chef zusammenzuarbeiten, aber dazu liebt er seinen Beruf zu sehr.

Vertrauensstifter stehen immer wieder vor der Aufgabe, sich einer Angst so lange zu stellen, bis sie ihren Schrecken verliert. In Achims Fall wäre das die Angst, die eine Verantwortung als Vater auslöst, und die Angst vor Konflikten mit dem Chef.

Andere stehen vor folgenden Herausforderungen:

- sich vom Urteil einer Autorität lösen und einen eigenen Weg gehen
- Erwartungen anderer Menschen enttäuschen und sich dadurch angreifbar machen
- Menschen loslassen, auch wenn ihr Weg Sorge macht
- der Stimme des eigenen Gewissens trotzen, wenn sie einengend und tyrannisch wird
- Fehler und Scheitern riskieren, um einem Lebenstraum zu folgen
- sich von Prinzipien lösen, wenn sie einer Problemlösung im Wege stehen

Wie Menschen den Mut zu solchen Schritten finden, will ich im zweiten Teil des Buches beschreiben: »Vertrauensstifter finden im Gehorsam zur Freiheit«.

Der Ursprung einer Sehnsucht

Es gibt einen Grund, warum Vertrauensstifter nach tragfähigen Lebensformen und Beziehungen suchen. In ihrer Entwicklung hatten sie es schwerer als andere, ein Gefühl von Sicherheit aufzubauen.

Achim ist stolz auf seinen Vater. Er war ein toller Typ, konnte gut auftreten und hat Achims Begabungen stets gefördert. Allerdings strahlte der Vater eine Autorität aus, gegen die sich Achim nie zu wehren wagte. Manchmal nahm der Vater eine drohende Körperhaltung ein und blickte Achim scharf an. Dann wusste Achim, dass jede Verhandlung und jeder Widerspruch zwecklos waren. »Meine Mutter war das perfekte Gegenstück zu meinem Vater«, erinnert sich Achim. »Sie war liebevoll und warmherzig. Vor ihr hatte ich keine Angst. Sie war eher nachgiebig und ließ die Dinge laufen. Ich durfte viel probieren. Wir haben oft gelacht, wenn dabei etwas schiefging.« Einmal ist Achim schwer gestürzt, weil er sich auf dem Fahrrad des älteren Bruders versucht hat. »Meine Mutter hat meine Versuche gesehen, hat aber nicht eingegriffen. Ich war noch viel zu klein für das Rad.« Achim war auch seiner Mutter gegenüber folgsam. Nicht nur, weil sie die Autorität des Vaters im Rücken hatte. Achim hatte das Gefühl, dass der Mutter die Kontrolle entgleitet, wenn er sich zu stark gegen sie stellt.

Achim blickt auf eine gute Kindheit zurück. Er hat sich bei seinen Eltern aufgehoben gefühlt und hatte Raum, sich zu entfalten. Dennoch haben ihn zwei Erfahrungen geprägt, die Unsicherheit wecken: die Autorität des Vaters, gegenüber der sich Achim klein fühlte und die manchmal drohend über seinem Leben schwebte. Achim verunsicherte aber auch, dass seine Mutter auf Autorität verzichtete. Manchmal hatte Achim das Gefühl, er müsse selbst auf sich aufpassen, damit er in Gegenwart seiner Mutter nicht über die Stränge schlägt.

Achim entwickelte eine Sehnsucht nach Sicherheit, die sich

etwa so formulieren lässt: »Ich will so im Leben stehen, dass ich weder mir noch anderen schade und nicht den Zorn einer strafenden Instanz auf mich ziehe.« Die strafende Instanz war zunächst der Vater, bald ein strenges Gewissen, schließlich nahm auch Achims Gottesbild strenge Züge an.

Ein Gefühl der Unsicherheit kann auch anders entstehen, wenn etwa die Abläufe im Familienleben nicht berechenbar sind. Schwere Krankheiten können in die Ordnung einer Familie einbrechen und jeden Tag unter das Diktat des Krankheitsverlaufs bringen. Das gilt besonders für seelische Erkrankungen, die auch das emotionale Klima und die Qualität der Beziehungen betreffen. Aus solchen Erfahrungen wächst eine Sehnsucht nach Sicherheit, die etwa diese Qualität hat: »Ich möchte mich nur auf ein Leben einlassen, das für mich überschaubar und kontrollierbar ist.« Natürlich kann man vom Kampf gegen eine Krankheit nicht auf eine bestimmte Charakterentwicklung schließen. Viele Familien schaffen es trotz der Krankheit, ein Gefühl von Geborgenheit zu schaffen, es ist nur ungleich schwieriger.

Eine letzte Lebenslinie will ich noch nachzeichnen, die auch zu einer Sehnsucht nach Sicherheit führt. Manche Kinder kommen mit einer Schwachstelle ins Leben: einer Behinderung, einer Entwicklungsverzögerung oder einer auffälligen Hauterscheinung wie einem Feuermal. Wenn nun die Eltern ihr Kind zu sehr behüten, können sie sein Selbstbewusstsein schwächen: indem sie die Härten des Lebens aus dem Weg räumen, sich stellvertretend um Freundschaften bemühen, Konflikte mit Lehrern lösen, den Aktionsradius ihrer Kinder beschränken. Ein Kind verinnerlicht dann, dass es selbst zu schwach ist, um den Herausforderungen und Gefahren des Lebens zu begegnen. Auch wenn sich die körperliche Entwicklung normalisiert, bleibt eine Sehnsucht nach Sicherheit. Bei Menschen mit dieser Geschichte drückt sie sich so aus: »Ich sehne mich nach einem Beschützer und einer guten Autorität, die mich sicher durch ein gefahrvolles Leben führt.«

Doch die Sehnsucht nach Sicherheit bringt auch wertvolle Fähigkeiten hervor. Einige habe ich schon angedeutet. In den folgenden Abschnitten gehe ich ihnen weiter nach.

Die Gaben des Charakters

Vertrauensstifter schaffen in ihren Beziehungen einen sicheren Boden. Sie entwaffnen andere durch Freundlichkeit, menschliche Wärme und Humor. Viele Vertrauensstifter haben feine Antennen für die Erwartungen und Wünsche anderer Menschen. So können sie sich schnell auf andere einstellen und sehen Konflikte schon früh voraus. Vertrauensstifter haben oft einen sechsten Sinn für Ungereimtheiten. Wenn ein Mensch sein Vorleben verbirgt, wenn ein trügerischer Schein zum Kauf lockt, wenn ein Prediger falsche Versprechungen macht – Vertrauensstifter merken oft als Erste, dass irgendetwas nicht stimmt.

Vertrauensstifter lassen sich von Autorität faszinieren. Gute Autoritäten stehen für verlässliche Maßstäbe und für eine ordnende Macht, die dem Leben einen sicheren Rahmen schafft. Doch prüft niemand eine Autorität gewissenhafter als Vertrauensstifter. Wenn sie einen Politiker, einen Vorgesetzten, einen Redner oder Autor loben, kann man diesem in aller Regel Vertrauen schenken.

Gegenüber einer Gemeinschaft entwickeln Vertrauensstifter oft ein ausgeprägtes Verantwortungsgefühl. Sie können dem übergeordneten Ganzen Opfer bringen. Vertrauensstifter schätzen die tragende Kraft einer Gemeinschaft. Sie stehen für deren Regeln und Maßstäbe ein. Als Psychotherapeut arbeite ich oft mit Gruppen. Die älteren Kollegen, die mich am meisten über Gruppen gelehrt haben, zähle ich allesamt zu den Vertrauensstiftern. Sie haben ein intuitives Gespür für die Tragkraft einer Gruppe, das andere Charaktere erst lernen müssen. Wenn unter den Teilnehmern einer Therapiegruppe ein oder zwei Vertrauensstifter sind, garantiert das schon fast den Therapieerfolg.

Beruf

Einige Vertrauensstifter zieht es in sichere Berufe wie eine Tätigkeit im öffentlichen Dienst oder im Verwaltungswesen. In solchen Berufen herrschen klare Zuständigkeiten und der Arbeitsplatz ist sicher. Der berufliche Aufstieg folgt formalen Kriterien und weniger einem Konkurrenzkampf unter Kollegen. Allmählich jedoch verliert der öffentliche Dienst seinen Behördencharakter, stattdessen ziehen Zeitdruck ein, Stellenabbau und Konkurrenz. Damit verliert der öffentliche Dienst für sie an Sicherheit.

Andere Vertrauensstifter lassen sich von ihren zwischenmenschlichen Fähigkeiten leiten, wenn sie ihren Beruf wählen. Diese werden besonders in sozialen Berufen gebraucht: die feinen Antennen für das Befinden und die Wünsche anderer Menschen, die Gabe, Vertrauen zu wecken und ein Gefühl der Sicherheit zu vermitteln. So finden sich Vertrauensstifter unter Erziehern, Lehrern, Krankenschwestern wie auch unter Therapeuten, Ärzten und Pfarrern.

Andere Vertrauensstifter machen das Beherrschen von Risiken zu ihrem Beruf. Sie werden Investmentbanker, Chirurgen oder arbeiten in Psychiatrien, im Strafvollzug oder als Sicherheitsleute. Je unsicherer das Berufsfeld ist, desto deutlicher zeigt sich die besondere Gabe der Vertrauensstifter. Schneller als andere finden sie verlässliche Maßstäbe für ihr Handeln und sehen brisante Situationen voraus. Diese Berufswahl finden wir bei dem Untertyp der Vertrauensstifter, die sich auf paradoxe Weise ein Gefühl der Sicherheit verschaffen, indem sie gefährliche Situationen meistern (»kontraphobisch« nennt das die Psychologie).

Vertrauensstifter sind zuverlässige und loyale Kollegen. Oft erwärmen sie die menschliche Atmosphäre, indem sie Freundlichkeit, Offenheit und Humor hineintragen. Manchmal engen sie ihre Kollegen ein, indem sie ihre Sicherheitsstrategien auf ihr Team oder ihre Abteilung ausdehnen. Dann drängen sie auf die Berücksichtigung bestimmter Maßstäbe, auf die Orientierung an bestimmten Autoritäten oder wollen Entscheidungen aufschieben, die ihnen zu riskant erscheinen.

Beziehungen

Vertrauensstifter empfinden die Ambivalenz menschlicher Beziehungen besonders stark: Der Mensch, der mich liebt, verletzt mich auch. Der Mensch, in dessen Gemeinschaft ich emotionale Bedürfnisse stille, wird mich auch enttäuschen. Die Verlockung einer menschlichen Bindung ruft bei vielen Vertrauensstiftern ein »Ja, aber ...« hervor. Die meisten Vertrauensstifter verwandeln ihre Ambivalenz in einen zwischenmenschlichen Realismus. Sie begrenzen emotionale Bindungen und menschliche Verpflichtungen in einer Weise, die ihnen noch eine kritische Distanz und Handlungsspielraum lässt. So liefern sie sich nicht den Schwächen eines Menschen aus. Sie führen stabile Beziehungen, bei denen sie gewissermaßen an der einen Hand den geliebten Menschen halten, an der anderen etwas anderes, das ihnen Sicherheit gibt, z. B. ein sehr striktes Sportprogramm, das sie emotional ausgleicht und gesund hält.

Die Stabilität, die Vertrauensstifter in eine Beziehung bringen, kann anderen einen starken Rückhalt geben. Wer in einer nahen Beziehung eine sichere Basis hat, kann sich den Herausforderungen und Kämpfen des Lebens stellen. Umgekehrt schätzen Vertrauensstifter Menschen, die sich in ihrem Denken und Handeln weiter wagen, als sie es selbst riskieren würden.

Glaube

Der Glaube gibt Menschen Sicherheit, sollte man meinen. Ein gläubiger Mensch hat ein weltanschauliches Bezugssystem, moralische Maßstäbe, eine besondere soziale Zugehörigkeit und eine vertrauensvolle Beziehung zu Gott. Doch je mehr man sich auf den Glauben einlässt, desto eher bemerkt man, dass es mehr Fragen als Antworten gibt. Die Bibel gewährt in vielen Fragen einen erheblichen Interpretationsspielraum: Welche Wünsche darf ich mir in diesem Leben erfüllen, welche Leidenschaften ausleben? Wo verzichte ich um der Liebe willen und wie weit geht mein Verzicht? Wann höre ich Gottes Stimme und wann Stimmen aus meiner eigenen Seele? Soll ich übernatürliche Erfahrungen suchen und nach Kraft von Gott streben? Oder soll ich mit meinen vorhandenen Gaben die Aufgaben anpacken, die mein Alltag mir stellt?

Manche Vertrauensstifter sind froh über diese Spielräume, die dem Menschen eigene Einschätzungen und eigene Verantwortung abverlangen. Ein Glaube mit einer klaren Trennlinie zwischen Richtig und Falsch wäre für sie bedrohlich. Sie würden sich wie in einer Falle vorkommen, in der jede Lebensäußerung, jede Unvorsichtigkeit sofort göttliche Missbilligung auf sich ziehen kann. Freiheitsliebende Vertrauensstifter schaffen sich in der Regel trotzdem ein Glaubensfundament mit klaren Maßstäben, z. B. durch die Zugehörigkeit zu einer christlichen Gemeinschaft, die ein solches vertritt. Daneben erlauben sie sich kleine Eskapaden, bei denen sie sich ihrer »Freiheit eines Christenmenschen« (Luther) versichern. Eine solche Eskapade könnte zum Beispiel der Genuss einer Zigarette sein, wenn die Glaubensgemeinschaft das Nichtrauchen vertritt.

Andere Vertrauensstifter leiden unter der Mehrdeutigkeit der biblischen Botschaft. Sie beschäftigen sich mit der Frage, welche christlichen Sichtweisen wahr und tragfähig sind. Sie orientieren sich an glaubwürdigen Vorbildern, deren Sichtweise und Glaubenspraxis sich bewährt haben. Oft haben Vertrauensstifter eine ungewöhnliche Intuition dafür, wann eine Glaubenslehre schiefhängt, d. h., wann sie mit den biblischen Grundaussagen, mit dem gesunden Menschenverstand und der Lebenserfahrung nicht mehr in Einklang zu bringen ist. Viele Vertrauensstifter sind zu einer Art von Kritik fähig, wie sie im Alten Testament die Propheten geübt haben. Es kann geistliche Leiter vor Scheitern bewahren, wenn sie den Vertrauensstiftern ihrer Gemeinde zuhören.

Mein Dank an die Vertrauensstifter

Viele Vertrauensstifter haben mich auf meinem Lebensweg begleitet, als Freunde, Kollegen, Ausbilder und Seelsorger. In den Begegnungen mit ihnen habe ich Orientierung gefunden, Werte entwickelt und ein Gefühl der Sicherheit erlebt. Vertrauensstifter haben mir den Mut gestärkt, meinen Weg zu gehen und mich den Risiken des Lebens auszusetzen. Denn wenn mich einer hält, kann ich mich weiter aus dem Fenster lehnen. Wenn mich einer korrigiert, kann ich mich mutiger entfalten. Wenn einer den Weg sorgsam erkundet hat, kann ich ihn ohne Zögern gehen.

Natürlich haben mir auch schon andere Menschen Orientierung geschenkt, aber es sind Vertrauensstifter, die wie Leuchttürme in meiner seelischen Landschaft stehen. Zu ihnen blicke ich innerlich, wenn ich eine schwierige Situation einschätzen muss: Wie hätte sie, wie hätte er wohl in dieser Situation geurteilt? Und wie gehandelt?

Zusammenfassung

Vertrauensstifter mussten als Kinder mehr als andere leisten, um ein Gefühl der Sicherheit aufzubauen. Ihre Sehnsucht nach Sicherheit bildet das Zentrum ihrer Charakterentwicklung. Vertrauensstifter haben feine Antennen für Gefahren und Unstimmigkeiten, oft auch für das Befinden und die Wünsche anderer Menschen. Aus der Vielfalt dessen, was Menschen behaupten und versprechen, filtern Vertrauensstifter das heraus, was tragfähig ist. In ihrem Wunsch, auf sicherem Boden zu stehen, engen sich Vertrauensstifter manchmal ein. Sie kommen unter Druck, wenn unsichere Situationen in ihr Leben kommen. Dann stellt sich Vertrauensstiftern die Lebensaufgabe, einer Angst so lange ins Auge zu blicken, bis sie den Weg frei macht. In Vertrauensstiftern sehen wir das Abbild eines verlässlichen Gottes, der Halt und Orientierung schenkt, an dessen Hand man getrost durch die Gefahren des Lebens geht.

FREUDENBOTEN

Hier begegnen uns heitere Menschen, die das Leben von seiner leichten Seite nehmen. Freudenboten sind vielseitig und kontaktfreudig. Ihre gute Stimmung steckt andere an. Sie spiegeln einen Gott, dessen Freude auch zu den Traurigen dringt.

Mark spielt Basketball, Cello und gelegentlich Theater. Weder eine defekte Sicherung noch ein Computerproblem bringen ihn aus der Ruhe. Das politische Geschehen überblickt er ebenso wie die Bundesliga und das Kinoprogramm. Dabei wirkt Mark nicht ehrgeizig, er prahlt nicht mit seinem Wissen und Können. Mark lässt sich leicht von Neuem begeistern. Er eignet sich entspannt an, was er dafür wissen und können muss. Manchmal wirkt er wie ein unbefangenes Kind, das im Leben nur eine große Spielwiese sieht. Man könnte ihn darum beneiden.

Gabi hat Freundschaft mit der Schönheit geschlossen, so kann es zumindest auf einen Betrachter wirken. Ihr Kleidungsstil, ihre Gestik, sogar ihre Sprachmelodie sind einfach schön. Gabi umgibt sich mit geschmackvollen Dingen und sucht schöne Orte auf. Sie kennt die Cafés mit Stil, die besonderen Ecken im Park und in der Altstadt. Wenn sie für andere ein Frühstück bereitet, stimmen die Details. Gabi legt ihre

Gabel als Letzte weg. Sie feiert das Essen und scheint sich an allem zu erfreuen.

Heiners Energie erfasst die Menschen in seiner Umgebung. Die Atmosphäre mag ernst, gespannt, bedrückt, energielos oder gereizt sein: Heiner holt die Menschen ab und steckt sie mit seiner Heiterkeit an. Ein Scherz, ein Zaubertrick, eine Geschichte – Heiner findet den Türöffner, der Menschen aus sich herausgehen lässt. Nur gute Freunde bemerken Heiners Anspannung, die einsetzt, wenn leidvolle Erfahrungen zur Sprache kommen. Heiner mag einfach niemanden bedrückt sehen.

Mark, Gabi und Heiner teilen eine Sehnsucht nach Leichtigkeit. Sie sehnen sich nach einem unbeschwerten Leben. Ihre Empfänglichkeit für Schönheit, Genuss und Lebensfreude kann sie zu Freudenboten machen besonders für Menschen, die sich von Problemen gefangen nehmen lassen.

Ebenbilder eines froh machenden Gottes

Freudenboten teilen eine Eigenschaft Gottes, die sich an vielen Stellen in der Bibel findet. Gott spricht seine Freude mitten in das Leid und die Bedrängnis von Menschen hinein. In seinem Auftrag verspricht Jesus: »Selig sind, die da Leid tragen, denn sie sollen getröstet werden« (Mt 5,4). König David betet zur Zeit des Alten Testaments: »Du bereitest vor mir einen Tisch im Angesicht meiner Feinde« (Ps 23,5). Die Apostelgeschichte berichtet später, wie sehr die Freude zur Grundhaltung der frühen Kirche wurde. Als der Jesus-Botschafter Paulus und sein Gefährte Silas geprügelt und ins Gefängnis gebracht werden, singen sie dort Loblieder auf Gottes Güte, die sie kurz darauf tatsächlich überrascht (Apg 16,23 ff.).

Gäbe es die Realität Gottes nicht, müsste man von Verdrängung sprechen, von einer Realitätsverleugnung und von der Flucht in beschönigende Fantasien. Aber Gott tritt in das Leben von Menschen hinein und schafft einen Lebensraum, in dem sich Freude ausbreitet. Dort wiegt der Trost mehr als Schmerz und Verlust, das gute Ende lässt Misserfolge und Strapazen verblassen.

Viele Menschen haben diesen übernatürlichen Lebensraum und seine beglückenden Auswirkungen erfahren. Ihre Erfahrungsberichte ziehen sich wie ein roter Faden durch die Bibel und durch die Kirchengeschichte. Wer Gottes Freude auch in schwereren Lebenslagen erfahren hat, stellt sich seinen Herausforderungen mit größerer Leichtigkeit. Die charakterliche Dynamik von Freudenboten kann sich mit dieser Bewegung Gottes verbinden: Beide verbreiten Freude, Zuversicht und Trost.

Falle und Lebensaufgabe

Nun will ich mich auf den Weg machen, der einem Charakter bis zu seinem Ursprung folgt. Wieder stelle ich einen Menschen vor, den sein Charakter zunächst in die Krise führt.

Siggi kommt zu uns in die Klinik, weil er nicht mehr schlafen kann. Siggi hat etwas von einem »Sonnenschein«, schnell gewinnt er die Sympathie des Behandlungsteams und der Mitpatienten. Sein Wesen trägt zu einem Therapieklima bei, bei dem neben Leid auch Lebensfreude ihren Platz hat. Siggi bewegt sich mit einer Leichtigkeit durch zwischenmenschliche Situationen, die mir imponiert. Auch sein beruflicher Weg beeindruckt mich, vom Lehrling hat er sich zum hoch bezahlten Projektleiter entwickelt, scheinbar spielerisch. In unsere Gespräche ziehen Humor und Augenzwinkern ein. Siggis Charme ist so einnehmend, dass ich innerlich gegensteuern muss: »Lass dich nicht einwickeln«, sage ich mir, »sonst übersiehst du vielleicht wichtige Dinge.«

Obwohl er sehr belastet ist, vermittelt Siggi zuerst, wie viel Freude er an seinem Leben hat: an der Verantwortung, dem guten Einkommen, den Gesprächen mit seiner Frau und der knisternden Erotik, die sich in ihrer Ehe erhalten hat. Nun kann mir Siggi auch die Schattenseiten zeigen. Er hat immer schon viel gearbeitet, aber in den letzten Jahren häuften sich die Überstunden, sodass Siggi auch am Wochenende und im Urlaub arbeitete. Die Überlastung ergab sich immer wieder aus einem ganz ähnlichen Grund: Siggis Chef macht den Kunden unrealistische Versprechungen, wenn er Verträge schließt. Zwischen den Erwartungen der Kunden und dem, was sein Team leisten kann, liegt eine Kluft, die Siggi in eine Zerreißprobe führt. Siggi will den Druck nicht an sein Team weitergeben und leistet selbst das Doppelte.

Auch im privaten Leben geriet Siggi unter Druck. Kurz nach der Heirat brach bei Siggis Frau eine Augenerkrankung aus, die zu einer starken Sehbehinderung führte. Siggis Frau hat sich seinem Schutz und seiner Führung überlassen. Doch in den letzten Jahren hat sie wieder an Selbstbewusstsein gewonnen und unternahm immer mehr ohne ihn. Schließlich arbeitete ihr Mann ja die meiste Zeit. Siggi wollte es sich lange nicht eingestehen, doch er ist eifersüchtig auf die Menschen, mit denen seine Frau so viel Zeit verbringt. Sie scheint andernorts wichtige Beziehungen aufzubauen, während Siggi doch auch arbeitet, um es ihr schön zu machen. Er fühlt sich immer stärker unter Druck, den er auch nachts nicht loswird.

Charakterkundlich lässt sich Siggis Geschichte so deuten: Er hat sein Erfolgsrezept der Leichtigkeit etwas zu lange und zu einseitig angewandt. In seiner Ehe hatte Siggi lange die selbstbewusste Position, seine Frau die verwundbare. Die Entwicklung in der Ehe kehrte die Verhältnisse nun um, Siggi wurde verwundbarer und unsicherer. Doch sich einen Schmerz und eine Unzufriedenheit einzugestehen, passt einfach nicht zu Siggi. Stattdessen versuchte er, das Auseinanderdriften in seiner Ehe mit Humor zu nehmen.

Auch an seinem Arbeitsplatz fühlte sich Siggi auf seine bisherige Rolle festgelegt. Seinen Aufstieg verdankte er seiner Unkompliziertheit, seiner zwischenmenschlichen Leichtigkeit und seiner Fähigkeit, auch in brisanten Situationen eine positive Stimmung herzustellen. Und ausgerechnet Siggi sollte jetzt sagen, dass er nicht mehr kann, und seinen Vorgesetzten an einer empfindlichen Stelle kritisieren?

Hier begegnen wir einer Falle der Freudenboten, die ihrer Sehnsucht nach Leichtigkeit entspringt: die Falle der Leidvermeidung. In diese Falle kann man von zwei Seiten stürzen. Entweder man nimmt sein eigenes Leid nicht ernst genug und sucht sich zu spät Entlastung und Hilfe. Oder man vermeidet Situationen, die Leiden hervorrufen können – dann wird man auch notwendige Auseinandersetzungen vermeiden. Bei Siggi wäre ein solcher Schritt die Auseinandersetzung mit seinem Chef. Siggi spürt, dass dieser Konflikt kein Problem beinhaltet, das man lösen kann. Dann hätte Siggi den Konflikt längst bewältigt, konfliktscheu ist er nämlich nicht. Jede Veränderung von Siggis beruflicher Situation würde aber jemandem Schmerz zufügen: zum Beispiel dem Chef, wenn sich die Geschäftsführung auf Siggis Seite stellt. Vielleicht ihm selbst, falls Siggi im Kampf um eine Veränderung unterliegt. Obwohl eine Veränderung unvermeidlich ist, zögert Siggi den Moment hinaus, der jemandem wehtun wird.

An Siggis Krise zeigt sich eine Lebensaufgabe, die sich allen Freudenboten stellt. Siggi wird es lernen müssen, eigenes Leid ernster zu nehmen, wo es Beachtung braucht. Er wird es lernen müssen, anderen unvermeidbaren Schmerz zuzufügen und zu vertrauen, dass andere Verständnis haben oder dass er zur Not auch mit Unverständnis leben kann. Doch dass der Schmerz nicht das letzte Wort hat, will der zweite Teil des Buches zeigen: »Freudenboten finden im Leid eine Tür zur Freude«.

Der Ursprung einer Sehnsucht

In einem nächsten Schritt gehe ich der Sehnsucht nach Leichtigkeit nach. Als Kinder fanden Freudenboten wenig Raum für die Erfahrung von Schmerz. Kinder drücken ihren Schmerz sehr intensiv aus, nicht nur körperlichen, sondern auch seelischen Schmerz: über Kränkungen, über die ersten Verluste zum Beispiel eines Stofftiers, über enttäuschte Hoffnungen. Kinder verinnerlichen auch die Art und Weise, wie Eltern auf ihren Schmerz reagieren.

Um es vorwegzunehmen: In Siggis Familie war wenig Raum für Schmerz und Leid. Beide Großeltern hatten im Krieg ihren Besitz verloren. So standen Siggis Eltern »mit nichts« da. Siggis Vater arbeitete lange und hart. Er sparte eisern. Siggi bewunderte die Disziplin und die Schaffenskraft seines Vaters. Und er glaubte ihm, wenn dieser sagte: »Du hast es gut.« Siggi hörte folgende Botschaft mit, die der Vater nie aussprach: »Solange du eine warme Wohnung hast und immer etwas auf dem Teller liegt, gibt es keinen Grund zu klagen.«

Siggis Mutter hat sehr darauf geachtet, dass zwischen Siggi und seinem Vater keine Konflikte entstanden. Wenn es Spannungen gab, hat sie beide Seiten beschwichtigt. »Ich sollte ein Sonnenschein sein und keine Probleme machen«, erinnert sich Siggi.

In Familien wie der von Siggi wächst eine Sehnsucht nach Leichtigkeit. Es ist die Sehnsucht, gegenüber leidvollen Erfahrungen souverän zu sein. Es ist eine Sehnsucht, die Seele mit guten Erlebnissen zu füllen, sodass der Glückspegel nie unter eine kritische Marke sinkt. Freudenboten lernen als Kinder die Lebenskunst des Genießens, die oft schon ein Elternteil beherrschte. Sie lernen, den Alltag als Glücksquelle zu erschließen. Dazu gehört vor allem eine Offenheit gegenüber anderen Menschen. Doch auch Fleiß ist ein Glücksbringer. Er schafft oft die materielle Grundlage für schöne Erlebnisse und bewahrt vor den Spannungen, zu denen Nachlässigkeit führt. Freudenboten kommen daher oft aus Familien, die harte Arbeit nicht scheuen.

Die Gaben des Charakters

Was muss man tun, um eine Leichtigkeit ins Leben zu bringen? Nun, zunächst wird man sich selbst in eine gute Stimmung versetzen. Und dann wird man andere mit dieser Stimmung anstecken. Denn wenn andere sich fürchten, bedrückt oder gereizt sind, kommt die Leichtigkeit nicht zum Zug. Freudenboten sind Meister darin, sich in Stimmung zu bringen und »good vibrations« um sich herum zu verbreiten.

Ihre Meisterschaft liegt vor allem darin begründet, dass Freudenboten genießen können. Sie richten ihre Aufmerksamkeit auf das, was positive Erlebnisse bringt, und lassen sich ganz auf sie ein. So finden sie selbst an Dingen Freude, die anderen lästig sind: Einkäufe, Büroarbeiten, Besprechungen und Telefonate. Immer lässt sich etwas Neues entdecken oder jemand kennenlernen. Es ergibt sich eine Situationskomik, man kann gemeinsam lachen. Unangenehme Situationen erleichtern sich Freudenboten, indem sie sich belohnen. Sie erledigen die Steuererklärung bei schöner Musik und einem Cappuccino. Sie beginnen beim Schlangestehen ein Gespräch. Sie verabreden sich nach einem unangenehmen Termin zum Tennis. Freudenboten ziehen andere Menschen in ihre Lebenskunst hinein. Andere lassen sich gerne auf sie ein, weil sie frei sind von Eigeninteressen.

Beruf

Freudenboten suchen sich Berufe, die ihnen möglichst viel Spielraum bieten. Vergeblich wird man Freudenboten in Archiven und Amtsstuben suchen. Wo Routine und fest gefügte Abläufe walten, fühlen sich Freudenboten bald eingeengt und in ihrer Suche nach Spaß beschnitten. Taxifahrer, Busfahrer, Außendienstler, Reiseleiter oder Gastwirte haben Berufe, in denen sie beweglich sind und Abwechslung finden. Unter ihnen finden sich viele Freudenboten.

Freudenboten sind geboren, um in Projekten zu arbeiten. In Projekten sind zwar die Ziele und der Zeitrahmen festgelegt, doch in der Einteilung und Gestaltung der Arbeit lassen sie Freiheit. Daher streben Freudenboten oft höher qualifizierte Berufe an, in denen Projektarbeit üblich ist. Auch Erziehung und Haushaltsführung haben Projektcharakter, es gibt Spielräume, wann und wie die Dinge erledigt werden. Daher fühlen sich Freudenboten in der Regel wohl, wenn sie eine Familie führen.

Freudenboten sind die idealen Kollegen, denn sie tragen eine gute Stimmung in ein Team, können hart arbeiten und eignen sich Neues oft mit Leichtigkeit an. Nur wenn es darum geht, schmerzliche Situationen über eine längere Zeit mitzutragen, verspüren Freudenboten Fluchtimpulse. Unterbesetzung, schwierige Vorgesetzte, unzureichende Mittel, um die gesetzten Aufgaben zu bewältigen – unter solchen Bedingungen werden Freudenboten nicht lange arbeiten. Ihre Vielseitigkeit und ihr gewinnendes Wesen öffnet ihnen schnell die Tür zu einer neuen Position. Wenn ihnen diese Türen verschlossen werden, geraten Freudenboten unter Druck wie in unserem einführenden Beispiel. Wenn sie gehen, lassen Freudenboten andere traurig zurück, die ein Rest an Arbeitsfreude und Hoffnung an ihnen festgemacht haben.

Beziehungen

Beziehungen knüpfen fällt Freudenboten leicht. Ihr Charme, ihr Humor, ihr Elan, ihre gute Stimmung machen sie oft zu Magneten, auf die sich das soziale Leben zubewegt.

Bindungen allerdings fordern Freudenboten heraus, denn sie bringen auch Schmerz ins Leben. Sich an einen Menschen binden bedeutet, das Leid des anderen zu teilen und auszuhalten, dass man den anderen mit den eigenen Schwächen verletzt. Sich binden bedeutet, Konflikte durchzustehen und zu bleiben, auch wenn sich andernorts Beziehungen auftun, die frisch, unbelastet und vielversprechend sind. Viele Freudenboten müssen es lernen, eine Bindung und ihre Leichtigkeit zusammenzubringen. Dann nehmen sie Konflikte an, weil sie den Weg zu einer tieferen Freude frei machen. Sie beginnen den Schmerz als Besucher zu sehen, der von selbst wieder aufbricht und Gutes zurücklässt.

Glaube

Freudenboten sehnen sich nach einer frohen Botschaft, die sich jedoch nicht in jeder Gemeinde findet. Freudenboten bemerken schnell, wenn Menschen unnötige Glaubenslasten auferlegt werden. Auf selbstquälerische Glaubensformen lassen sie sich nicht ein, es sei denn, sie werden als Kinder an sie gebunden. Aber auch dann befreien sie sich im Laufe ihres Lebens von moralischer Enge und erdrückenden Verpflichtungen.

Viele Freudenboten erschließen sich die Botschaft der Gnade. »Deine Schuld ist dir vergeben! Du bist frei! Du bist um deiner selbst willen geliebt, unabhängig von deiner Leistung und deinem Ansehen!« Manchmal werden Freudenboten zu größerem Ernst angehalten. Ihre geistliche Leichtigkeit kann eine Mischung aus Neid und Missbilligung wecken. Doch es wäre falsch, ihnen mangelnde Ernsthaftigkeit vorzuwerfen. Sie blicken auf die großen Linien des Glaubens und werfen ihr Leben dem weiten Horizont biblischer Verheißung entgegen. Für kirchenferne Menschen sind Freudenboten unentbehrlich. Ihr Glaube steckt an, ihr Leben gewinnt Menschen. Unter erfolgreichen Evangelisten finden sich daher viele Freudenboten.

Mein Dank an die Freudenboten

Wenn ich in meiner Lebensgeschichte nach Freudenboten suche, stehen mir Freunde, Kollegen und geistliche Redner vor Augen. Sie sind mir besonders in einer Hinsicht Vorbilder: Sie haben mir gezeigt, dass sich Engagement und Lebensfreude nicht ausschließen, genauso wenig wie Anteilnahme und Heiterkeit. Freudenboten waren Balsam für meine Seele, wenn ich niedergeschlagen, enttäuscht und überfordert war. Sie sind mir ein Stück ins Dickicht gefolgt und haben mich dann auf eine Lichtung geführt. Freudenboten behalten das Schöne im Blick. Ohne Worte haben sie mir vermittelt: Es gibt so viel Freude, es gibt so viel Schönes, das wiegt die Härten des Lebens auf.

In der Gemeinschaft mit Freudenboten habe ich mich der Schwerkraft des Lebens entzogen. Warum mich festbeißen, warum nicht einfach loslassen und weiterziehen? Warum auf die Steine und den Schlamm blicken, die meinen Weg beschwerlich machen? Warum nicht den Blick zum Horizont heben und das Ziel sehen, auf das ich zugehe: Christus, der für ein Happy End sorgt.

Zusammenfassung

Freudenboten fanden als Kinder wenig Raum, um Leid zu spüren und es zu zeigen. Diese Erfahrung führt zu einer Sehnsucht nach Leichtigkeit. Freudenboten wächst so die Gabe zu, sich selbst und andere in eine gute Stimmung zu versetzen. An diese Gabe ist ein ganzes Bündel von Eigenschaften geknüpft: Vielseitigkeit, Flexibilität, zwischenmenschliche Lockerheit, Charme, Humor, Optimismus, die Kunst des Genießens, kurz: die Fähigkeit, das Leben leichtzunehmen. Eng wird es für Freudenboten, wenn ihnen das Leben abverlangt, eigenes Leid auszuhalten oder anderen Leid zuzumuten, das sich nicht vermeiden lässt. Dann heißt es, sich einer Lebensaufgabe stellen, die über eine Berührung mit Leid zu tieferer Freude führt. Freudenboten lassen sich als Ebenbilder eines Gottes sehen, dessen Wesen Freude ist und der auch die Leidenden froh macht.

FREIHEITSKÄMPFER

Hier treten uns Menschen gegenüber, die Stärke und Unabhängigkeit ausstrahlen. Sie kämpfen gegen Ungerechtigkeit und falsche Autoritäten. Wen Freiheitskämpfer unter ihre Fittiche nehmen, der empfängt ein Gefühl von Stärke und wächst über sich hinaus. In Freiheitskämpfern spiegelt sich ein Gott, der falsche Autoritäten zu Fall bringt und sich zum Anwalt der Schwachen macht.

Wenn Alfred eine Dienstvorschrift übertritt, reibt er sich die Hände und lächelt spitzbübisch. Er genießt seine Rebellion und seine Kollegen schließen sich ihm gerne an, denn als Alfreds Komplize fühlt sich jeder sicher. Alfred verhält sich ansonsten loyal, nur gegen die gängelnden und unsinnigen Vorschriften richtet er seinen Widerstand.

Mario umgibt eine Aura von Autorität, die ihm Respekt verschafft. In Marios Anwesenheit hält man sich mit Prahlereien und unbedachten Argumenten zurück. Zu oft schon hat er Sprechblasen mit einer spitzen Bemerkung platzen lassen. Schüchterne Menschen fühlen sich bei Mario sicher. Mit ihnen geht er behutsam um, ermutigend und allenfalls väterlich herausfordernd.

Man mag Jutta mit einem dösenden Wachhund vergleichen.

Sie ruht in einer Haltung von Lockerheit und Gutmütigkeit, bis sie ein verdächtiges Geräusch aufschreckt. Dann schärft sie ihren Blick, man kann sie gleichsam knurren hören, man spürt ihre Sprung- und Beißbereitschaft. Verdächtig sind Jutta vor allem Eingriffe in ihren Verantwortungsbereich und ihre persönliche Freiheit. Jutta dehnt ihre Wachsamkeit manchmal auch auf schwache Glieder der Gemeinschaft aus, die sich selbst nicht wehren können.

Alfred, Mario und Jutta teilen eine Sehnsucht: die Sehnsucht nach Stärke. Sie wollen ihr Territorium verteidigen, zur Not auch gegen einflussreiche Menschen. Sie wollen anderen eine Stütze sein und für die kämpfen, denen es an Stärke fehlt.

Ebenbilder eines kämpferischen Gottes

Viele Christen empfinden ein Unbehagen, wenn sie der kämpferischen Seite Gottes begegnen. Manche wollen sie nicht wahrhaben. Sie blicken auf das Alte Testament mit seinen Rachegebeten, Schlachtplänen, Militäraktionen und sagen: »So ist Gott nicht. Jesus korrigiert das und offenbart die bedingungslose Liebe Gottes.« Doch auch im Neuen Testament zeichnen die biblischen Schriften eine kämpferische Seite Gottes. Ein heuchelndes Ehepaar lässt Gott auf der Stelle tot umfallen (Apg 5,1 f.). Gott setzt sich gegen irdische Machthaber durch, wenn sie sich seinen Plänen entgegenstellen (Apg 12,18). Und am Ende der Zeiten wird sich Gott nicht nur als Schöpfer offenbaren, sondern als Regent, der den Widerstand seiner Feinde beugt (Phil 2,9 ff.). Freiheitskämpfer können sich keinen lieben Gott vorstellen, der sich nicht durchsetzen kann. Gott muss stark sein, wenn er gerecht sein will. Freiheitskämpfer spiegeln die Stärke Gottes, die Menschen gegen Bosheit und Machtanmaßung verteidigt.

Falle und Lebensaufgabe

Jede Stärke kann zur Schwäche werden, wenn sie auf Umstände trifft, in denen eine andere, gegenteilige Stärke gefragt ist: Der Charakter der Freiheitskämpfer kann zur Falle werden, wo nur Nachgeben zum Ziel führt.

Hartmut füllt mein Gesprächszimmer mit einem Kraftfeld, schon beim Handschlag scheint sich seine Energie zu übertragen. Zwischen uns entspinnt sich eine Beziehung, die sich bald wie eine Verbrüderung, wie eine Kameradschaft anfühlt: »Wir zwei kämpfen gegen die widrigen Umstände des Lebens.« Auf diese Ebene des gemeinsamen Kämpfens lasse ich mich gerne ein. Nur ab und zu muss ich aus diesem Bündnis heraustreten. Als Therapeut muss ich Hartmut auch auf unangenehme Wahrheiten hinweisen, die er selbst nicht sieht. In solchen Momenten komme ich mir wie ein Verräter vor, wie einer, der sich vom Verbündeten in einen Feind verwandelt. Hartmut kämpft gegen meine Rückmeldungen an und weckt auch bei mir Kampfeslust. Am liebsten würde ich ihn mit einem Heer von Tatsachen umzingeln und ihn in die Knie zwingen. Aber das ist nicht nötig. Sobald Hartmut wieder Vertrauen zu mir findet, konfrontiert er sich selbst härter, als ich es je gewagt hätte.

Hartmut arbeitet als Rechtsanwalt, mit zwei Kollegen hat er sich zu einer gemeinsamen Kanzlei zusammengeschlossen. Seine Partner schätzen Hartmuts kämpferischen Gerechtigkeitssinn, doch in seinem jüngsten Fall entzogen sie Hartmut ihre Unterstützung. Hartmut vertrat eine Studentin in einer Mietrechtsangelegenheit, in der es um eine vorenthaltene Kaution von 800 Euro ging. Die Anwalts- und Prozesskosten drohten den Streitwert bei Weitem zu übersteigen, weil der Vermieter sich nicht kompromissbereit zeigte. Hartmut hätte nicht ertragen, wenn die Studentin aus diesem Grund auf ihr Recht verzichtet hätte. So verzichtete Hartmut auf einen Teil des Honorars. Allerdings konnte Hartmut der Studentin erst in der zweiten

Instanz Recht verschaffen. Ein Partner warf Hartmut daraufhin eine Robin-Hood-Mentalität vor: »Du schadest dem Ruf unserer Kanzlei, wenn du privates Engagement mit deiner Anwaltsrolle vermischst. Wegen 800 Euro bis vor die zweite Instanz.« Der zweite Partner beschwerte sich, dass Hartmut die Ressourcen der Kanzlei für unrentable Fälle nutzte. Hartmut hätte seine Partner leicht besänftigen können, z. B. mit dem Hinweis, dass es sich um eine Ausnahme handle und er künftig solche Fälle mit seinen Partnern bespreche. Aber Hartmut wollte weder nachgeben noch sich in seiner beruflichen Freiheit einschränken lassen. Über Wochen herrschte eine gereizte Stimmung, die sich im Streit um Nichtigkeiten entlud.

Hartmut hätte die beruflichen Spannungen wohl verkraftet, wenn nicht sein Privatleben in ähnlicher Weise eskaliert wäre. Hartmut hatte auf dem gleichen Grundstück gebaut wie die Familie des Schwagers. Ohne Rücksprache setzte Hartmuts Schwager ein wuchtiges Gartenhaus an die Grundstücksgrenze. Um es kurz zu machen: In vielen kleinen Schritten eskalierte der Konflikt, vielleicht auch deshalb, weil Hartmut oft schon gereizt aus der Kanzlei kam. Hartmuts Frau erschrak über die Härte, die ihr Mann an den Tag legte. Die feindselige Stimmung griff auf die Ehe über und schließlich drohte Hartmuts Frau mit einer Trennung. Vor Hartmut tat sich ein Abgrund von Ohnmacht auf und er fürchtete hineinzustürzen, wenn er nicht etwas änderte.

Hartmut ist in eine Falle geraten, die ihm sein Charakter stellt. Wo die Sehnsucht nach Stärke ihr Augenmaß verliert, entspinnen sich Machtkämpfe. Dann entzünden sich an einem Interessenkonflikt Grundsatzfragen: Werden meine Rechte respektiert? Bist du mir gegenüber loyal oder nicht? Wenn ein Konflikt in diese Weise aufgeladen ist, setzen Freiheitskämpfer manchmal autoritäre Mittel ein oder gehen ihren Weg in einer Weise, die die Bedürfnisse anderer ignoriert. Sowohl auf Durchsetzung bedachtes als auch ignorierendes Verhalten wecken gewöhnlich starken Widerstand. So verspielen manche Freiheitskämpfer das Wohlwollen anderer durch allzu kämpferisches Verhalten.

Freiheitskämpfer meistern ihre charakterliche Lebensaufgabe, wenn sie zu folgenden Haltungen finden:

- Ich darf auch einmal unterliegen und Schwäche zeigen. Schwäche weckt die Solidarität anderer Menschen und macht mich weniger bedrohlich, wenn ich mich einmal in einer anderen Sache durchsetze.
- Ich kann auch nachgeben, obwohl ich im Recht bin, wenn die Situation das klug erscheinen lässt.
- Vertrauensvolle Beziehungen stärken mich genauso wie ein gut gesicherter Einflussbereich. Daher will ich das eine nicht um des anderen willen aufs Spiel setzen.

Im zweiten Teil des Buches betrachte ich diesen Sinneswandel genauer: »Freiheitskämpfer entdecken Schwäche als Stärke«.

Der Ursprung einer Sehnsucht

Auch in diesem Kapitel werfe ich einen Blick zurück. In Hartmuts Lebensgeschichte finden sich Erfahrungen, die eine Sehnsucht nach Stärke formen.

Hartmuts Vater muss in den Nachkriegsjahren Schweres erlebt haben, er sprach aber nie darüber. Für Hartmut strahlte er aus: »Ein Mann muss sein Schicksal tragen, daran innere Stärke aufbauen und die Chancen in seinem Leben nutzen.« Das tat Hartmuts Vater, er arbeitete sich als Laborant in einer Pharmafirma bis zu einer leitenden Position hoch. Er arbeitete viel, und als er dann mehr Verantwortung übernahm, musste er reisen. Dadurch fiel die Erziehungsgewalt der Mutter zu. Sie lehrte Hartmut vor allem Disziplin und Härte. Sie lobte Hartmut, wenn er nach einem Sturz nicht weinte. Sie unterstützte es, wenn er sich gegen Nachbarsjungen durchsetzte. »Ohne diesen Drill wäre ich beruflich nicht so weit gekommen«, sagt Hartmut im Rückblick. »Ich war eher ausdauernd als begabt.« Eines konnte Hartmuts Mutter nur schwer: Schwäche zeigen und sich entschuldigen, wenn sie zu hart gewesen war. Hartmuts Vater dagegen war verständnisvoll, ihm konnte sich Hartmut auch mit seinen schwachen Seiten zeigen. Aber solche Momente waren selten, dafür war der Vater zu oft abwesend. Der Vater scheute den Konflikt mit Hartmuts Mutter und hielt sich aus der Erziehung heraus. Hartmut hätte in ihm gerne einen Beschützer gefunden. Doch er hatte eher das Gefühl, den Vater vor der Mutter schützen zu müssen. Manchmal wollte er sich vehement für seinen Vater einsetzen. Der schüttelte nur den Kopf, als wollte er sagen: »Lass mal, Junge, dafür lohnt sich doch kein Streit.«

Auch wenn jede Lebensgeschichte einzigartig ist, finden sich bei Freiheitskämpfern regelmäßig zwei Lebenserfahrungen: Sie haben ein Zuviel an Machtausübung erlebt und in wichtigen Situationen einen Beschützer vermisst.

Die Gaben des Charakters

Die Sehnsucht nach Stärke bildet die Keimzelle, aus der viele Gaben der Freiheitskämpfer aufwachsen. Freiheitskämpfer verfügen über ein ungewöhnliches Maß an Energie. Das Überwinden von Grenzen erschöpft sie nicht, im Gegenteil, es füllt sie mit Energie. Sie spüren dabei ihre Stärke, sie dehnen ihren persönlichen Raum aus. Wenn Freiheitskämpfer ihre Kompetenzen erweitern, Einfluss gewinnen oder Konflikterfahrung sammeln, fühlen sie sich oft am lebendigsten. Daher genießen sie auch menschliche Nähe am meisten, wenn dabei ein gewisses Maß an Reibung entsteht.

Freiheitskämpfer üben ihre Stärke mit unterschiedlichen Mitteln aus, mit kämpferischen und diplomatischen, aus einem persönlichen Charisma heraus oder durch Ausübung formaler Macht. Dabei gibt es auch Geschlechtsunterschiede. Im Vergleich zu Frauen dürfen Männer kämpferischer auftreten, ohne auf Missbilligung zu stoßen. Auch von starken Frauen erwarten wir ein gewisses Maß an Mütterlichkeit, Fürsorge und sozialer Verantwortung. Frauen stellen ihre Stärke oft in den Dienst einer guten Sache und üben ihren Einfluss diplomatischer aus. Daher sind weibliche Freiheitskämpfer schwerer als solche zu erkennen. Dennoch gelangen sie genauso zu ihrem Ziel: einem persönlichen Gestaltungsspielraum, in den niemand ungestraft hineinregiert.

»Friede den Hütten, Krieg den Palästen!« Diese Revolutionsparole könnte von einem Freiheitskämpfer stammen. So entschlossen Freiheitskämpfer falschen Autoritäten die Stirn bieten, so barmherzig setzen sie sich für Schwächere ein. In einer Gruppe hüten Freiheitskämpfer oft die zwischenmenschlichen Spielregeln. Sie verhindern die Benachteiligung von Schwachen, auch wenn sie dabei mit Wortführern oder Leitern einer Gruppe zusammenstoßen.

Beruf

Freiheitskämpfer haben Fähigkeiten, die für Menschenführung genauso unentbehrlich sind wie für die Führung von Organisationen: Konfliktbereitschaft, Tatendrang, Selbstbewusstsein und eine Ausstrahlung von Stärke. Daher finden sich viele Freiheitskämpfer in Führungspositionen. Manche Freiheitskämpfer lieben Pionierleistungen. Sie rufen eine Organisation ins Leben, gründen ein Unternehmen oder bauen ein neues Ressort auf. Wenn sich die Abläufe eingespielt haben und sich die ersten Erfolge einstellen, übergeben sie ihr Werk an einen Nachfolger.

Sie selbst ziehen weiter, um sich der nächsten Pioniertat zu stellen.

Wer mit Freiheitskämpfern auf gleicher Ebene arbeitet, erlebt viel Kameradschaft und Ermutigung. Die Stärke und Freiheit von Freiheitskämpfern ermutigt andere, ebenfalls ihr Potenzial auszuschöpfen. Herausfordernd entwickelt sich die Zusammenarbeit, wenn man sich auf ungleichen Ebenen begegnet. Dabei ist es genauso herausfordernd, einen Freiheitskämpfer zu führen, wie sich von ihm führen zu lassen. Denn in beiden Fällen beanspruchen Freiheitskämpfer oft mehr Einfluss, als ihnen zusteht. Wer den Konflikt scheut, wird sich bald eingeschränkt und entmachtet vorkommen. Es empfiehlt sich zu akzeptieren, dass Freiheitskämpfer die vorherrschenden Spielregeln nur bedingt akzeptieren. Manche Regeln muss man mit ihnen persönlich ausfechten.

Beziehungen

In Freundschaften und in der Partnerschaft suchen Freiheitskämpfer oft harmonische Beziehungen. Sie suchen Orte des Friedens, in denen sie sich von den Kämpfen des Lebens erholen können. Ihre kämpferische Seite mag sich in lebhaften Diskussionen und humorvoller Provokation zeigen, dennoch schützen sie ihre nahen Beziehungen vor Spannungen. Oft setzen sie eine entwaffnende Ehrlichkeit ein, um Spannungen gar nicht erst aufkommen zu lassen. Unter Stress fühlen sich Freiheitskämpfer schnell verraten und im Stich gelassen. Dann kann es sein, dass sie vertraute Menschen plötzlich wie Gegner behandeln. Meist wissen Freiheitskämpfer um diese Falle und kehren bald zu einer versöhnlichen Haltung zurück.

Freiheitskämpfer fühlen sich Werten wie Loyalität, Solidarität und Fairness verpflichtet. Mit einem überempfindlichen Gewissen sind sie aber nicht belastet. Mit Freiheitskämpfern kann man über den Durst trinken, über Zäune steigen, Tabus brechen und Autorität unterlaufen. Freiheitskämpfer führen andere zu einer Erfahrung von Rausch und Abenteuer, zu einer Erlebnisintensität, die wieder Kraft für die Herausforderungen des Alltags gibt. Diese Gratwanderung an den Grenzen des Verbotenen kann allerdings auch zur Gefährdung werden für den Freiheitskämpfer selbst oder auch für Weggefährten, die über weniger Selbstbeherrschung verfügen.

Glaube

Wo im Namen des Glaubens Macht missbraucht wird, bemerken es Freiheitskämpfer als Erste. Es erzürnt sie, wenn Menschen, die durch eine Begegnung mit Gott befreit wurden, gleich in die nächste Unfreiheit geraten, nämlich an das Gängelband frommer Autoritäten.

Freiheitskämpfer pflegen eine kameradschaftliche Beziehung zu Gott, die auf Aufrichtigkeit, Treue und Engagement beruht. Manche schieben die Autorität Gottes erst einmal beiseite, weil Autorität für sie vorbelastet ist. Im Laufe ihres Glaubenslebens erschließen sich Freiheitskämpfer ein Bild von der dienenden Autorität Gottes, die selbst Feinden verwundbar gegenübersteht. Dann entwickeln Freiheitskämpfer eine Gottesfurcht im positiven Sinne, ein starkes Empfinden für die Heiligkeit Gottes, in der sich Allmacht und Liebe treffen.

Mein Dank an die Freiheitskämpfer

Auch in meinem Leben finden sich Spuren von Freiheitskämpfern. Menschen dieser Charakterfamilie begegneten mir als Bekannte und Kollegen, vor allem aber als Ausbilder und Vorgesetzte. Im Beruf habe ich von Freiheitskämpfern das Streiten gelernt. Gegen ihre Stärke und Autorität kann man nur bestehen, wenn man selbst Stärke und Autorität entwickelt. Die menschliche Größe von Freiheitskämpfern habe ich besonders in der offenen Konfrontation mit ihnen entdeckt: ihre Ritterlichkeit, Ehrlichkeit, ihre Fähigkeit, sich nach einer Konfrontation zu versöhnen.

Wo ich Freiheitskämpfern privat näherkam, habe ich sie ausgesprochen ermutigend erlebt. Freiheitskämpfer glauben an die eigene Stärke und an ihr Potenzial. Dieses Lebensgefühl können sie auch an andere weitergeben. Gerade in jungen Jahren habe ich von niemandem so viel Respekt erfahren wie von Freiheitskämpfern. Ihr Vertrauen in mich eilte meinem Wissen und Können weit voraus.

Zusammenfassung

Freiheitskämpfer haben als Kinder ungute Seiten von Machtausübung erlebt und eine schützende Autorität vermisst. Aus dieser Erfahrung wuchs in ihnen die Sehnsucht nach Stärke. Unter dem Einfluss dieser Sehnsucht entwickelten sich viele Qualitäten, die den Charakter von Freiheitskämpfern ausmachen: eine Entschlossenheit, um ihre persönliche Freiheit und ihren Einfluss zu kämpfen; ein besonderes Mitgefühl mit Schwachen; eine unbändige Energie, die auf die Erweiterung von Kompetenzen abzielt; eine entlarvende Haltung gegenüber falschen Autoritäten und Machtmissbrauch. Im Wesen der Freiheitskämpfer spiegelt sich ein Gott, der kämpferische Seiten hat, vor allem wenn Menschen ihre Autorität missbrauchen und gegen Schwache richten.

FRIEDENSSTIFTER

In der letzten Charakterfamilie entdecken wir unkomplizierte Menschen: Friedensstifter strahlen Gelassenheit aus und sind nicht leicht aus der Ruhe zu bringen. Sie tragen eine Sehnsucht nach innerem Frieden in sich. Wenn Friedensstifter auf begeisternde Menschen und Lebensaufgaben treffen, entfesseln sie eine sanfte Kraft. Sie bewegen andere, ohne sie zu verletzen. Sie zeigen eine Toleranz, die Türen zur Veränderung aufstößt. Das Wesen der Friedensstifter spiegelt einen Gott, der in allem auf Frieden abzielt.

Hedda ist bei ihren Kolleginnen beliebt, es gibt niemanden, der sie auf Distanz hält oder Antipathie hegt. Warum auch? Hedda strahlt eine Gelassenheit aus. Ihre Leistung bringt sie ohne Ehrgeiz und ohne Streben nach Anerkennung. Mancher fragt sich, wie Hedda mit ihren Schülern klarkommt, wo sie so friedfertig ist. Aber Heddas Schüler haben Respekt vor ihr. Ihre Kraft ist die eines Baches, der leise plätschert und doch sein Bachbett gräbt.

Lange hielt Sandra einen Dornröschenschlaf. Sie zeigte weder in der Wahl ihres Berufs noch in der Wahl ihrer Freunde besondere Ambitionen. Sie schien sich dem Zufall zu überlassen und schien den Weg des geringsten Widerstands zu gehen.

Wer Sandra in dieser Zeit kennenlernte, dem fiel auf, wie weit sie unter ihren Möglichkeiten lebte. Bis Sandra ihren Freund kennenlernte, einen dynamischen Mann, der das Leben zu genießen wusste und sich dennoch beruflich und sozial engagierte. An seiner Seite blühte Sandra auf. Sie veränderte ihr Outfit und schloss eine schwierige Fortbildung ab. Sie blieb ihren alten Freunden treu, lernte aber neue Menschen kennen, die ihren Horizont erweiterten.

Ohne Marko wäre die WG vielleicht schon auseinandergebrochen. Wenn beim Frühstück grobe Worte fallen, reinigt Marko die Atmosphäre durch einen Witz. Er hat ein Gespür für Situationskomik, und wenn man über die Situation lachen kann, braut sich nichts Übles zusammen. Marko fällt es zu, unangenehme Themen anzusprechen: müffelnde Unterwäsche im Bad, verkrustete Pfannen in der Küche, versäumte WG-Dienste. Keiner reagiert gereizt auf Markos Hinweise, Marko verpackt die Kritik in einer Weise, die andere annehmen können.

Hedda, Sandra und Marko verbindet die Sehnsucht nach innerem Frieden, sie streben nach Ausgeglichenheit und nach einer harmonischen Verbundenheit mit ihrer Umgebung. Den Verlockungen des Lebens treten sie mit Gemütsruhe entgegen: »Ansehen, Geld, Erfolg – na und? Weshalb sich in Aufregung versetzen? Wenn man gelassen seinen Weg geht, ergibt sich das nebenbei.« Und wirklich: Was Friedensstifter erreichen, erreichen sie meist beiläufig, unangestrengt und scheinbar zufällig.

Ebenbilder eines gelassenen Gottes

In Friedensstiftern spiegelt sich ein Gott, der die Sonne über Gut und Böse scheinen (Mt 5,45), der Unkraut mit dem Weizen wachsen (Mt 13,30) und der leichtfertige Kinder mit ihrem Erbe davonziehen lässt (Lk 15). Diese biblischen Bilder beschreiben eine Gelassenheit Gottes, die zu sagen scheint: »Nur die Ruhe bewahren. Nicht zu schnell urteilen. Alles zu seiner Zeit. Manches findet selbst zu seinem Ende.«

Friedensstifter haben die Gelassenheit, auf den Kairos zu warten, den von Gott gesetzten Zeitpunkt, an dem sich wesentliche Dinge ereignen. Sie haben ein naturgegebenes Gespür dafür, dass viele Aktivitäten eine Hingabe an sie nicht wert sind. Das Wesen von Friedensstiftern erinnert an eine biblische Wahrheit: Gott lässt sich in seiner Geschichte mit dem Menschen nicht unter Druck setzen, weder von vermeintlichen Notwendigkeiten noch von Erwartungen des Menschen und auch nicht von Klage und Anklage.

Falle und Lebensaufgabe

Wieder möchte ich die Charakterbetrachtung vertiefen und mich dabei von der Frage leiten lassen: Wie kommen Menschen dieser Charakterfamilie zu ihren Fähigkeiten? Wieder führt uns der Weg von einer Krise zur frühen Lebensgeschichte.

Mona strahlt eine natürliche Attraktivität aus. Sie trägt, was zu ihr passt, ohne einen besonderen Eindruck oder Effekt erzielen zu wollen. Sie gibt sich, wie sie ist, ungekünstelt. Sie scheint auch ein gutes Körpergefühl zu haben – später erfahre ich, dass sie gerne tanzt. Unser Kennenlernen verläuft in einer entspannten, freundlichen Atmosphäre, bald komme ich mir aber vor wie ein Störenfried. Zwischen den Zeilen scheint mir Mona zu sagen: »Ach, lassen Sie mich doch in Ruhe mit Ihrer Therapie. Mir geht es schlecht!« In der Tat, meine psychotherapeutische Routine passt nicht recht zum Wesen von Mona. Wir Therapeuten bezeichnen die Beziehung zu unseren Patienten als »Arbeitsbündnis«, wir legen Therapieziele fest und stellen einen Behandlungsplan auf. Das vermittelt etwa folgende Botschaft: »So, und jetzt krempeln Sie Ihre Ärmel hoch, arbeiten an sich, treffen die notwendigen Entscheidungen und bahnen sich einen Weg aus Ihrer Krise!« Das ist nichts für Mona, sie will ihr inneres Gleichgewicht wiederfinden und nicht durch zusätzliche Anforderungen belastet werden.

Mona arbeitet in einer Werbeagentur. Eine Lehre als Verwaltungskraft hat sie abgebrochen. Das Klima in der Behörde war anonym, die Abläufe mechanisch, sodass Mona immer lust- und antriebsloser wurde. Danach war sie arbeitslos und hat schließlich in einer Werbeagentur gejobbt, in der eine Freundin angestellt war. Dort herrschte ein familiäres Klima, der Chef würdigte Monas Einsatz, ihre Kontaktfreudigkeit und ihre kreativen Fähigkeiten. Von dieser Mischung aus menschlicher Wärme und Wertschätzung beflügelt, erbrachte Mona Leistungen, die sie selbst überraschten.

Mona gewann an Ausstrahlung und befreundete sich mit Jakob. Einige Freundinnen hatten ihr von dieser Verbindung abgeraten. Jakob hatte schon viele Beziehungen. Schon nach den ersten beruflichen Schritten im IT-Bereich machte er sich selbstständig. Das weckte das Misstrauen von Monas Freundinnen. Aber Jakob warb hartnäckig und fantasievoll um Mona. »Wie soll ich einen Menschen verurteilen«, fragte sich Mona, »bevor ich ihn kenne?« Nach einem glücklichen Jahr der Partnerschaft zeigte Jakob Seiten, die Mona beunruhigten. Er lieh sich von ihr Geld, ging mit anderen Frauen aus und schenkte Mona immer weniger Beachtung. »Ich habe den Absprung nicht geschafft«, erklärt Mona. »Ich dachte, irgendwann gibt es einen großen Knall, dann gehen wir auseinander.« Aber statt dem Knall stellten sich bei Mona Schlafstörungen ein und ein Gefühl der Kraftlosigkeit. Als sich Mona bei der Arbeit nicht mehr konzentrieren konnte, geriet sie in Panik und suchte Hilfe.

Mona lief in eine Falle, die sie mit anderen Friedensstiftern teilt: Sie hatte einen falschen Frieden geschlossen. Mona hat sich mit einer unerträglichen Situation arrangiert, um Streit und Konsequenzen zu vermeiden. Friedensstifter müssen lernen, einen echten Frieden von einem Scheinfrieden zu unterscheiden. Ein Scheinfriede ergibt sich, wenn man seine Ziele aufgibt und andere Menschen schalten und walten lässt. Echter Friede setzt gegenseitigen Respekt, klare Grenzen und gemeinsame Spielregeln voraus. Und um die muss man gelegentlich streiten. Die Kraft für solche Auseinandersetzungen schöpfen Friedensstifter, wenn sie die Bedeutung spüren, die sie für andere Menschen oder für eine gute Sache haben. Auch den Entwicklungsweg der Friedensstifter beschreibe ich im zweiten Teil des Buches genauer: »Friedensstifter finden eine Energiequelle«.

Der Ursprung einer Sehnsucht

In Monas Erinnerungen lassen sich die Ursprünge ihrer Charakterentwicklung aufspüren. Mona hat sich in ihrer Familie wohl- und geborgen gefühlt. Ihre Mutter erlebte sie als patente, tatkräftige Frau, die den Haushalt und das Familienleben führte. Monas Vater war ein ruhiger, unkomplizierter Mensch. Sie kann sich an viele Spiele und Ausflüge mit ihm erinnern. Trotzdem hat sich die Beziehung zu ihm verloren, spätestens in der Pubertät ist er Mona wie ein Fremder vorgekommen. Seit dieser Zeit hat sie sich ihm nicht mehr nah gefühlt. Monas älterer Bruder war ein Problemkind, erst spät entdeckten die Eltern, dass eine Aufmerksamkeitsstörung und Hyperaktivität hinter seinem Verhalten standen. Er zog die Beachtung der Mutter auf sich und Mona fühlte sich manchmal übersehen und vernachlässigt.

Monas Mutter war mit praktischer Unterstützung sehr großzügig, sei es bei der Planung einer Reise, bei Schularbeiten oder bei der Lösung eines Problems. Im Haushalt konnte Mona gerne mithelfen, musste es aber nicht. So stellte sich bei Mona ein Gefühl ein, das sich etwa so beschreiben lässt: »Ob ich mich anstrenge oder nicht, ob ich etwas leiste oder nicht, eigentlich ist alles gleich.« Einerseits entspannt es, wenn das eigene Dasein nicht an Bedingungen geknüpft ist. Andererseits hat Monas Erfahrung auch etwas Entmutigendes. Mona hat die Resonanz auf ihr eigenes Wesen gefehlt, eine Botschaft in der Art: »Auf dich kommt es an! Deine Qualitäten, dein Einsatz sind wichtig!«

Entlang dieser Spur von Entmutigung entwickelt sich der Charakter der Friedensstifter. Sie machen aus der Not eine Tugend, und zwar in folgenden Schritten: Friedensstifter reduzieren ihre Erwartungen an Menschen, die ihnen nahestehen. Sie können sich der Erfahrung von Liebe, Trost und Lob öffnen, aber setzen sich auch nicht besonders dafür ein. Friedensstifter distanzieren sich von ihren emotionalen Bedürfnissen – denn die drängen ja auf positive Beziehungserfahrungen. Friedensstifter eignen sich außerdem das Selbstbild eines unkomplizierten und gelassenen Menschen an. Diese seelischen Prozesse verdichten sich in einer Sehnsucht nach innerem Frieden, nach einem Wohlbefinden und einer Zufriedenheit, die zwar empfänglich für positive Erfahrungen ist, aber nicht von ihnen abhängig.

Die Gaben des Charakters

Die Sehnsucht nach innerem Frieden führt zu einer Charakterqualität, die sich am besten mit einem Fremdwort benennen lässt: Friedensstifter sind integer. Integre Menschen sind unbestechlich, sie verraten weder Menschen noch eine gute Sache, um persönliche Vorteile zu erlangen. Integre Menschen lassen sich nicht von ihren Leidenschaften zu Handlungen hinreißen, die sie später bereuen. Sie lassen sich nicht von Zorn, Neid, Ehrgeiz überwältigen, auch nicht von Gefühlen der Kränkung oder von Rachewünschen. Den Worten von Friedensstiftern vertraut man, weil man hinter ihnen keine versteckten Motive vermutet.

Friedensstifter sind gute Vermittler, auch wenn sie eine solche Rolle selten anstreben. Sie bleiben unparteiisch. Ihr Charakter ermöglicht ihnen eine menschliche Filterfunktion: Sie nehmen eine gefühlsgeladene Botschaft entgegen und überbringen eine gelassene Botschaft. Sie verändern dabei nicht den Sinn oder die Absichten der Worte, wohl aber ihre emotionale Aufladung. Schon die Anwesenheit von Friedensstiftern hat eine entspannende Wirkung. Von ihrem Wesen geht die Frage aus: »Warum macht ihr das so kompliziert? Man kann es doch auch gelassen angehen.«

Friedensstifter fordern wenig von der Welt, sie richten nicht viele Erwartungen an andere Menschen. Das macht Friedensstifter tolerant. Sie können sich der Vielfalt des Lebens öffnen und sich auch von andersartigen Menschen berühren lassen. In der Gegenwart von Friedensstiftern fühlen sich andere akzeptiert. Friedensstifter sind oft überrascht, wie rückhaltlos sich Menschen ihnen gegenüber öffnen. Das tun andere, weil sie von Friedensstiftern keine Bewertungen oder keine Maßregelung erwarten.

Friedensstifter leben häufig in einer Art Stand-by-Modus. Sie befinden sich in einer Bereitschaft für das, was kommen mag. Begegnen sie nun einer charismatischen Person oder einer mitreißenden Gemeinschaft, können sie die Energie anderer in sich aufnehmen und sich beflügeln lassen. Mit einer dynamischen Person oder Gruppe können sie eins werden, in ihr aufgehen und mit der eigenen Kraft das Potenzial anderer erweitern. Eine solche Elektrisierbarkeit lässt sich allerdings missbrauchen. Manchmal merken Friedensstifter zu spät, dass sie in das Kraftfeld der negativen Energie eines anderen Menschen geraten sind. Dieser können sie sich oft nur schwer wieder entziehen. Doch das schmälert nicht den Wert der Fähigkeit, mit einer Person oder einer Gruppe eins zu werden und die eigene Energie von der anderer erfassen zu lassen. Es ist der Einsatz begeisterungsbereiter Menschen, der hinter dem Erfolg einer

Gemeinschaft steht und herausragenden Menschen ihren Einfluss verleiht.

Beruf

Warum Friedensstifter diesen oder jenen Beruf ergreifen, ist oft kaum zu ergründen. Manchmal ergibt sich der Beruf aus einem Prozess, in dem Friedensstifter immer durch die Tür gehen, die sich gerade öffnet. Manchmal folgen sie einer Intuition, die sie kaum begründen können, die aber stark genug ist, um zu einem beruflichen Ziel zu führen.

Viele Menschen reiben sich an unvollkommenen Arbeitsabläufen, sie ärgern sich über Kollegen und Vorgesetzte. Sie kämpfen für Verbesserungen, Anerkennung und um berufliche Vorteile. Solche Reibungsverluste erleiden Friedensstifter selten, ihr gelassenes Temperament schützt sie davor. So leisten sie mit geringerer Energie das Gleiche wie ihre Kollegen und können sich in den vielen Einsatzbereichen wohlfühlen. Nur Arbeitgeber, die Unmögliches von ihren Mitarbeitern fordern und Druckmittel einsetzen, gefährden das innere Gleichgewicht von Friedensstiftern. Wenn Friedensstiftern hier keine berufliche Veränderung gelingt, leiden sie bald unter Missstimmungen und psychosomatischen Beschwerden wie Schlaflosigkeit, Ohrgeräuschen, Rücken- oder Magenschmerzen.

Als Kollegen tragen Friedensstifter zu einem entspannten, menschlichen Arbeitsklima bei. Sie wirken Grüppchenbildung und Polarisierung entgegen: »Hier die böse Leitung und dort die arme Belegschaft«; »Hier die privilegierten Vollzeitkräfte, dort die benachteiligten Teilzeitkräfte« – solche konfliktschürenden Denkmuster sind Friedensstiftern fremd. Sie nehmen eine Position zwischen den Lagern ein, kommen mit allen aus und tragen so zur Entspannung bei.

Manchmal brauchen Friedensstifter einen inneren Anlauf,

um sich in Bewegung zu setzen. Anderen scheint es dann, als ob ihre Gefühle und Wünsche nicht ankämen. Schlimmstenfalls wirken Friedensstifter auf andere gleichgültig. Doch oft braucht es nur mehr Zeit oder einen erneuten Anstoß, bis sie sich auf einen Menschen zubewegen oder seine Ziele unterstützen.

Beziehungen

Friedensstifter können eng mit einem Menschen verbunden sein, ohne mit ihm zu streiten. Selten liegt es daran, dass Friedensstifter einem Konflikt ausweichen. Häufiger lässt ihr ausgleichendes Verhalten Konflikte gar nicht aufkommen. Friedensstifter stellen ein entspanntes Klima her. Bei ihnen kommt man zur Ruhe. Man kann auftanken und Kräfte sammeln.

Auch in ihren persönlichen Beziehungen haben Friedensstifter die Fähigkeit, die Begeisterung anderer Menschen zu teilen, sich von deren Interessen anstecken zu lassen und sich für deren Ziele zu begeistern. Manchmal gehen von Friedensstiftern Impulse aus, die andere in Bewegung bringen. Dann nämlich, wenn sich Friedensstifter dauerhaft mit einer guten Sache verbunden haben. Sie nehmen gewissermaßen die Energie eines lohnenden Projektes auf und strahlen sie auf andere ab. Für Ziele ihres Berufes oder ihres Glaubens engagieren sie sich in einer glaubwürdigen Weise, mit der sie andere Menschen für sich gewinnen.

Glaube

Über dem Glauben von Friedensstiftern liegt manchmal der Schatten, den die frühe, oft unbewusste Entmutigung wirft. Dieser Schatten lässt sich etwa so in Worte fassen: »So wichtig bin ich für Gott und andere nicht.« Mit den großen biblischen

Bildern können sich Friedensstifter nur schwer identifizieren: mit »Christi Leib für dich gegeben« in der Eucharistie- oder Abendmahlsformel oder dem Zuspruch: »Ihr seid das Licht der Welt«. Die Dimension einer besonderen Beachtung und eines besonderen Auftrags erschließt sich Friedensstiftern oft erst allmählich. Daher sind Friedensstifter in ihrem Glauben oft abwartend und freuen sich bescheiden über ihren Platz in der christlichen Gemeinschaft. Sie tragen mit unauffälligen Gesten zu einem liebevollen Klima bei: Sie erkundigen sich nach dem Befinden anderer, nehmen Anteil, schreiben Geburtstagskarten. Damit tragen sie zu einem Klima bei, in dem andere wichtige menschliche und Glaubenserfahrungen machen können.

Wenn Friedensstifter ihre Bedeutung für Gott erst einmal spüren, entzündet sich eine Hingabe an Christus, die sich in großer Treue und Tatkraft äußert. Friedensstifter sind dann häufig sehr konzentrierte Christen, weil sie weder von persönlichem Ehrgeiz abgehalten werden noch von der Suche nach vielfältiger Bedürfnisbefriedigung.

Mein Dank an die Friedensstifter

Meine Beziehungen mit Friedensstiftern haben sich zufällig ergeben, meist über eine gemeinsame Aufgabe in der Gemeinde oder im Beruf. In der Begegnung mit ihnen habe ich eine bedingungslose Wertschätzung erlebt. Ob ich glänze oder mich blamiere, ob ich mich in der Beziehung engagiere oder abwartend bin, ob ich guter oder schlechter Stimmung bin – all das schien sich auf die Zuwendung von Friedensstiftern kaum auszuwirken. Die Begegnungen hatten eine entspannende, seelisch befriedende Wirkung auf mich.

Friedensstifter haben mir vorgelebt, dass Loslassen genauso zum Ziel führt wie Vorausplanung, Ehrgeiz und Zielorientierung. Friedensstifter leben eine stille Weigerung, einer Vielzahl von Zielen nachzujagen. Daher haben sie den Blick frei, wirklich wichtige Situationen zu erkennen, und die Hände frei, im günstigen Moment zuzupacken. Wer den paradoxen Zusammenhang von Loslassen und Empfangen verstehen will, muss nicht in ein buddhistisches Kloster einkehren. Es reicht, sich mit einem Friedensstifter anzufreunden.

Zusammenfassung

Friedensstifter hatten es schwerer als andere, sich wichtig zu fühlen und das eigene Handeln als bedeutsam zu erleben. Sie entwickelten eine Lebenshaltung, in der sie empfänglich für Liebe und Erfolge, aber nicht darauf angewiesen sind. Sie sehnen sich nach einem inneren Frieden, der zufrieden macht mit sich, mit anderen und der Welt. Friedensstifter können Annahme schenken, ausgleichen und Gegensätze überbrücken. Friedensstifter leben eine Empfänglichkeit, in der sie sich vom Elan anderer anstecken lassen und sich mit deren Interessen eins machen können. Wenn Friedensstifter lernen, an ihre eigene Wichtigkeit zu glauben, entfalten sie ein Engagement, von dem sich andere bewegen lassen. Friedensstifter spiegeln die Gelassenheit Gottes, die in Liebe loslassen kann und die ein weites Zelt spannt, in dem jeder Mensch ein Zuhause findet.

Teil II

NEUN WEGE UND WAS ES AUF IHNEN ZU ENTDECKEN GIBT

WACHSTUMSBRINGER ENTDECKEN DIE GNADE

Wachstumsbringer treibt eine Sehnsucht nach Vollkommenheit. Sie haben einen Röntgenblick für Schwachstellen, auch für die der eigenen Person. So arbeiten sie hart an sich und nehmen andere gerne mit auf einen Weg der Veränderung. Ihre Ideale verfolgen sie manchmal auf Kosten ihrer inneren Lebendigkeit: Spaß, Bummeln, Entspannung und Genuss müssen zurückstehen. Manchmal geraten Wachstumsbringer in einen Kreislauf, in dem sie sich mit immer größerer Strenge disziplinieren. Hier öffnet sich ein geistlicher Ausweg, die Entdeckung der Gnade: Nicht meine Disziplin entscheidet darüber, ob ich ein guter Mensch bin und Gutes in die Welt bringe. Das Wesentliche wird mir geschenkt.

Martin Luther hat sich nie als Weltverbesserer verstanden. »Wie ein blinder Gaul«[2] sei er in die Wirren des Weltgeschehens geraten. Lange waren die Kräfte Luthers an die Reform des eigenen Herzens gebunden. Erst als er dort das Reich Gottes anbrechen sah, drängte es ihn weiterzugeben, was den Menschen gut und froh macht. Es ist die im eigenen Herzen erprobte Theologie, in

2 Hanns Lilje (1964): Martin Luther. Furche Verlag, Hamburg, S. 10.

der sich Menschen wiederfinden. Es ist die Sprache des Angesprochenen, die Gottes Wort zu Gehör bringt. »Wer wird hinfort das Evangelium so klar vortragen?«, klagt Albrecht Dürer, als er Luther bei einem Überfall ermordet wähnt.[3] Luther entreißt der Kirche den Glauben, wo sie ihn treulos verwaltet, und trägt ihn in die Häuser der Menschen. Jeder soll seinen eigenen Glaubensweg gehen: sich vom Bösen abwenden, wo es ersichtlich ist, tapfer sündigen, wo er im Dunkeln tappt, Leben gestalten, die Gesellschaft prägen, feiern, ausruhen und auf den Gott hoffen, der in Christus schon alles geschenkt hat. Luthers Lebensweg macht sichtbar, wie Wachstumsbringer zur Gnade finden.

Ist je ein Mönch in den Himmel gekommen durch Möncherei?

Martin Luther wird 1483 in Eisleben geboren. Als junger Mann beginnt er zunächst ein Jurastudium, entschließt sich aber, Mönch zu werden. 1505 tritt er in den Augustinerorden ein und studiert Theologie. 1507 wird er zum Priester geweiht, 1512 erlangt er den Doktortitel und eine Professur für Bibelkunde. Fünf Jahre später veröffentlicht Luther seine 95 Thesen gegen den Ablasshandel. Der Widerstand der katholischen Kirche führt 1521 zum päpstlichen Bann, der den Tod Luthers fordert. Luther wird zum Schein entführt und lebt als Junker Jörg auf der Wartburg, wo er beginnt, die Bibel ins Deutsche zu übersetzen. 1522 kann er nach Wittenberg zurückkehren. Dort heiratet er die ehemalige Nonne Katharina von Bora, vollendet die Bibelübersetzung und verfasst viele theologische Schriften. Er stirbt 1546 in Wittenberg.

Martin Luther teilt das Lebensgefühl der Wachstumsbringer. Seine Erziehung fand in einem Klima überfordernder Strenge statt:

»Man soll die Kinder nicht zu hart stäupen (schlagen; Anmer-

3 Ebd., S. 162.

kung des Autors). Mein Vater stäupte mich einmal so sehr, daß ich vor ihm floh und daß ihm bange war, bis er mich wieder zu sich gewöhnt hatte.

Meine Eltern haben mich in strengster Ordnung gehalten, bis zur Verschüchterung. Meine Mutter stäupte mich um einer einzigen Nuß willen, bis Blut floß. Und durch diese harte Zucht trieben sie mich schließlich ins Kloster; obwohl sie es herzlich gut meinten, wurde ich dadurch nur verschüchtert. Sie vermochten das rechte Verhältnis zwischen natürlicher Anlage und Bestrafung nicht einzuhalten. Man muß so strafen, daß der Apfel bei der Rute ist.«[4]

Auch der Bildungsweg Luthers ist von einer Strenge gezeichnet, die keinen Raum lässt zum Aufatmen, zu Spiel und persönlicher Lebendigkeit:

»Es ist ein übel Ding, wenn Kinder und Schüler das Vertrauen zu Eltern und Lehrern verlieren. So gab es zum Beispiel abgeschmackte Schulmeister, die durch ihr barsches Wesen viele treffliche Anlagen verdarben. [...] Es sind manche Präzeptoren so grausam wie die Henker. So wurde ich einmal vor Mittag fünfzehnmal geschlagen, ohne jede Schuld, denn ich sollte deklinieren und konjugieren und hatte es doch noch nicht gelernt.«[5]

Luther verinnerlichte diese Erfahrungen und trug sie in sein Glaubensleben hinein. Auch im Kloster verlangt Luther viel von sich: »Es ist wahr, ich bin ein frommer Mönch gewesen und habe meinen Orden so streng gehalten, daß ich sagen darf: Ist je ein Mönch in den Himmel gekommen durch Möncherei, so wollte ich auch hineinkommen. Das werden mir alle meine Klostergesellen, die mich gekannt haben, bezeugen. Denn ich hätte mich, wenn es länger gewährt hätte, zu Tod gemartert mit Wachen, Beten, Lesen und anderer Arbeit.«[6]

Eine Wende tritt ein, als Luther einen Seelsorger findet, den

4 Ebd., S. 105.

5 Ebd.

6 Ebd., S. 118.

Oberen des Augustinerordens, Johann von Staupitz. Luther blickt so auf den prägenden Austausch zurück: »Da ich ein Mönch war, schrieb ich Dr. Staupitz oft, und einmal schrieb ich ihm: O meine Sünde, Sünde, Sünde! Darauf gab er mir diese Antwort: Du willst ohne Sünde sein und hast doch keine rechte Sünde; Christus ist die Vergebung rechtschaffener Sünden, als die Eltern ermorden, öffentlich lästern, Gott verachten, die Ehe brechen, das sind die rechten Sünden. Du mußt ein Register haben, darin rechtschaffene Sünden stehen, soll Christus dir helfen; mußt nicht mit solchem Humpelwerk und Puppensünden umgehen und aus einem jeglichem Bombart (lautes Geräusch; Anmerkung des Autors) eine Sünde machen! [...]

Es sagte einmal mein Beichtvater zu mir, da ich immer närrische Sünde vor ihn brachte: Du bist ein Narr! Gott zürnt nicht mit dir, sondern du zürnst mit ihm; Gott ist nicht zornig auf dich, sondern du bist auf ihn zornig! Ein teuer, groß und herrlich Wort, das er doch vor diesem Licht des Evangelii sagte!«[7]

In der Seelsorge erfährt Luther menschliche Wärme, eine Bejahung seines Wesens, Geduld mit dem Wachstum der Seele. Dies bahnte den Weg für eine Erfahrung, die für Luther einen existenziellen Durchbruch bedeutete:

»Wiewohl ich als ein untadeliger Mönch lebte, verspürte ich doch unruhigen Gewissens, daß ich vor Gott ein Sünder sei und daß ich mich nicht darauf verlassen könnte, durch meine eigene Genugtuung versöhnt zu sein. [...] Bis Gott sich erbarmte und ich, der ich Tag und Nacht nachgedacht hatte, den Zusammenhang der Worte begriff, nämlich: Gerechtigkeit Gottes wird offenbart in dem, was geschrieben steht: der Gerechte wird aus Glauben leben. Da fing ich an, die Gerechtigkeit Gottes zu verstehen, durch die der Gerechte als durch ein Geschenk Gottes lebt, nämlich aus Glauben heraus. [...] Und so sehr ich vorher die Vokabel Gerechtigkeit Gottes gehaßt hatte, so viel mehr nun

7 Friedrich Schorlemmer (2003). Hier stehe ich – Martin Luther. Aufbau Verlag, Berlin, S. 23 f.

hob ich dieses süße Wort in meiner Liebe empor, so daß jene Stelle bei Paulus mir zur Pforte des Paradieses wurde.«[8]

Wir sind's noch nicht, wir werden's aber

Martin Luther entdeckt die Gnade: »Nicht ich muss mich gut machen, Gott hat mich bereits gut gemacht – meine Schuld aufgewogen, meine Abwendung von ihm mit versöhnender Liebe überbrückt.« Gottes Vollkommenheit folgt einer anderen Logik: Gottes Stärke hilft meiner Schwäche, Gottes Ehre bedeckt meine Blöße, Gottes Weisheit korrigiert meinen Irrtum. Wo Gott seine Gaben in meine Menschlichkeit schenkt, bricht die Vollkommenheit an, das Paradies, nach dem sich Wachstumsbringer sehnen.

Dass Luther die Gnade entdeckt, bringt einen Stein ins Rollen. Es führt zu vielen befreienden Erfahrungen zunächst in Luthers eigenem Leben, bald aber in der ganzen Kirche. Luther befreit sich von einem Gewissen, das ihn dafür geißelt, dass er nicht so ist, wie er sein sollte. Er entdeckt eine Gewissensstimme, die Christus zum Maß der Dinge macht. Ein begnadigtes Gewissen ist zu sanft, um die Seele zu quälen, doch stark genug, um vor die Welt zu treten: »Hier stehe ich, ich kann nicht anders.« Diesen Gewissenswandel vollziehen Millionen von Gläubigen nach, auch innerhalb der katholischen Kirche, die eine Antwort auf die Umbrüche finden muss. Luther befreit sich von Glaubensformen, die den Menschen überfordern. So tritt er aus dem Orden aus und heiratet.

Luther hat sich den Gegenpol seines Charakters erschlossen: Ja, die Welt braucht sein kritisches Potenzial und seinen ganzen Einsatz. Aber all das darf in Gelassenheit geschehen, im Wissen, dass ein Mensch dadurch weder besser wird noch besser werden muss. Es geschieht im Blick auf den Größeren, der allein die Dinge zum Guten führen kann:

---

8 Hanns Lilje (1964): Martin Luther. S. 134 f.

»Habe ich redlich verkündigt, kann ich ruhig meinen Topf wittenbergisch Bier trinken. Derweil läuft dann das Evangelium schon – von alleine.«[9]

Luther öffnet sein Herz für das Werdende: »Das christliche Leben ist nicht ein Frommsein, sondern ein Frommwerden. Nicht Gesundsein, sondern ein Gesundwerden. Nicht Sein, sondern ein Werden. Nicht Ruhe, sondern eine Übung. Wir sind's noch nicht, wir werden's aber. Es ist noch nicht getan und geschehen; es ist aber im Gang und Schwang. Es ist nicht das Ende, es ist aber der Weg. Es glühet und glänzet noch nicht alles, es bessert sich aber alles.«[10]

Luther findet auch zu einer gnädigen Sicht anderer: »Ein Fürst ist auch nur ein Mensch und hat immer zehn Teufel um sich her, wo sonst ein Mensch nur einen hat, daß Gott ihn besonders führen und seine Engel zu ihm schicken muß.«[11] Als der Ablasshändler Tetzel vor dem Tod steht, hat Luther »dem Kranken noch tröstend geschrieben. Er wußte immer zwischen Person und Sache zu unterscheiden. Wenn ein Feind krank ist, so ist nicht ein Feind krank, sondern ein Mensch!«[12] Seinem Mitstreiter Melanchthon wendet sich Luther seelsorgerlich zu: »Sündige tapfer, doch tapferer glaube und freue dich in Christus, der Herr ist über Sünde, Tod und Teufel.«[13]

Luthers Schriften entfesseln eine Auseinandersetzung, die Mitteleuropa in Aufruhr bringt, geistig und politisch. So kann Luther zu seinen Lebzeiten wenig Früchte ernten, an seinem Werk entzündet sich erbitterte Feindschaft. Doch auch Luther selbst fällt zweimal hinter seine Gnadenerkenntnis zurück: Er klagt die Juden an und wertet sie in entstellender Weise ab;

---

9 Helmut Thielicke (1986): Theologische Ethik. II. Band. J. C. B. Mohr Verlag, Tübingen, S. 327.

10 Friedrich Schorlemmer (2003): Hier stehe ich – Martin Luther. S. 117.

11 Ebd., S. 109.

12 Ebd., S. 34.

13 Briefwechsel mit Philipp Melanchthon, Weimarer Ausgabe, Martin Luthers Werke, Kritische Gesamtausgabe, 1883.

er verfasst eine Kampfschrift gegen aufständische Bauern, die blutige Folgen hat.

Wenn wir Luthers Lebensfrage in unsere Zeit übersetzen, klingt sie so: Wie werde ich ein guter Mensch? Wie komme ich dahin, zufrieden mit mir selbst zu sein und zuversichtlich vor Gott zu treten? Die Antwort könnte so lauten: »Nichts kannst du dafür tun. Gottes Freundschaft macht dich gut. Gott ersetzt, was dir fehlt, verhüllt, wessen du dich schämst, und bringt jede Anklage zum Verstummen.« Glaubensleben und persönlicher Einsatz, sie müssen sich nicht um die Frage des Gutseins drehen. Sie werden zu einer Antwort des Herzens auf das, was Gott schenkt. Nicht verbessert will die Welt werden, sondern geliebt. Eine solche moralische Freiheit hat sich Luther errungen und die ist jedem Wachstumsbringer genauso zu wünschen wie die Gelassenheit, zu der der Reformator gefunden hat.

GEMEINSCHAFTSSTIFTER NEHMEN CHRISTUS IN SICH AUF

Die Sehnsucht nach Unzertrennlichkeit führt an den Ausgangspunkt eines geistlichen Weges. Gemeinschaftsstifter halten besonders das für wertvoll, was sie in die Beziehung zu anderen einbringen. Sie schwingen sich auf die Stimmung anderer ein und spüren deren Bedürfnisse. Von Gemeinschaftsstiftern geht eine Herzlichkeit aus und eine gefühlsbetonte Lebendigkeit, die sich an der Begegnung mit anderen entzündet. Manchmal passen die Erwartungen anderer nicht zu dem, was Gemeinschaftsstifter zu geben haben. Dann besteht die Gefahr, dass sich Gemeinschaftsstifter den Wünschen anderer anpassen und ihre Fähigkeiten vernachlässigen. So opfern sie ihr Potenzial und füllen eine Rolle aus, die sie nur mittelmäßig spielen können.

Eine christliche Erfahrung kann für Gemeinschaftsstifter zur Schlüsselerfahrung werden: In geheimnisvoller Weise wohnt Christus im Herzen des Glaubenden, Christus verbindet sich mit seinem Charakter, seiner Motivation, seinem Denken und Fühlen. Ein solcherart berührter Mensch nimmt sich wichtig, nicht in selbstbezogener oder aufgeblähter Weise. Er weiß um die Heiligkeit seiner Person und seiner Begabung, weil Christus in ihm wohnt.

Ich muss komplett verschwinden

Kaum eine Persönlichkeit des 20. Jahrhunderts hat Menschen so stark geprägt wie Mutter Teresa. Sie hat den Ärmsten einen Platz in der Weltgemeinschaft gegeben und auch im Herzen vieler Menschen. Ihr Glaube, ihre Liebe, ihre Hoffnung haben Spuren im Leben zahlloser Menschen hinterlassen. Beharrlich verfolgte Mutter Teresa ihre Überzeugungen anfangs gegen die Skepsis des Vatikans, später gegen schlechte Presse und gegen die Verlockungen reicher Geldgeber. Sie ist sich stets treu geblieben, möchte man sagen. Der Blick des Glaubens erkennt noch etwas anderes: Mutter Teresa hat ihre Person immer wieder von Gott berühren lassen, ihrer von Gott berührten Person blieb sie treu mit einem zähen Selbstbewusstsein. Von ihr können Gemeinschaftsstifter lernen, wie die Persönlichkeit eines Menschen Raum gewinnt, weil sich Jesus mit ihr verbindet.

Mutter Teresa wird 1910 im türkischen Skopje geboren, das heute zu Mazedonien gehört. Ihr bürgerlicher Name ist Agnes Gonxha Bojaxhiu. Mit 18 Jahren tritt sie in den katholischen Orden der Loreto-Schwestern ein. Von 1929 bis 1948 arbeitet sie als Lehrerin im indischen Kalkutta. 1946 fasst sie den Entschluss, einen eigenen Orden zu gründen, um unter den Ärmsten in Kalkutta zu leben. 1948 erhält sie aus Rom die Erlaubnis, auf eigene Faust den Orden zu verlassen. Zwei Jahre später wird ihre Gemeinschaft von Papst Pius XII. vorläufig anerkannt: die Missionarinnen der Nächstenliebe. Eine Ordensgründung billigt Rom erst 27 Jahre später. Mutter Teresa baut Sterbehäuser auf, Kinderhäuser und Leprazentren. Unter vielen anderen Preisen erhält sie 1979 den Friedensnobelpreis. Mutter Teresa stirbt 1997 in Kalkutta. 20 Jahre später gehören ihrem Orden 4.800 Schwestern in 134 Ländern an.[14]

Den anderen Menschen ganz Mittelpunkt werden lassen – dieser Wunsch treibt Mutter Teresa an. Der Biograf Christian Feldmann schreibt: »Sie hat die Gabe, sich voll auf ihren Gesprächspartner zu konzentrieren, seine Sorgen und Sehnsüchte zu ihren eigenen zu machen. ›Sie hatte unsere Wellenlänge‹, zieht ein englischer Helfer Bilanz, der ihr als Schüler zum ersten Mal begegnete. ›Mit wem sie auch gerade spricht, er wird zum wichtigsten Menschen vor ihr.‹«[15]

Mutter Teresa leidet unter Einsamkeit, als sie ihren Orden verlässt, um sich den Armen in Kalkutta zuzuwenden. Umso größer ist die Freude, als sich ihr die ersten jungen Frauen anschließen. »Es ist ein großer Tag …«, so beginnen die Tagebuchnotizen, in denen Mutter Teresa festhält, wie ihre Gemeinschaft neue Glieder gewinnt. »Wir sind so richtig glücklich in unserem Konvent. Die Stille wird wunderbar eingehalten. Die jungen Postulantinnen sind so eifrig bei der Sache, dass ich gezwungen bin, ihrem Beispiel zu folgen.«[16] Mutter Teresa ordnet das Zusammenleben so, dass der Dienst aus der Gemeinschaft hervorgeht, aus dem gemeinsamen Beten, Schweigen, Ruhen. Sie schickt die jungen Frauen immer zu zweit in die Slums. Die Persönlichkeit des Einzelnen geht in der Gemeinschaft und im Dienst auf.

Mutter Teresa hat sich längst entschlossen, die eigene Person nicht wichtig zu nehmen. »›Beten Sie um Licht‹, fleht sie ihren Beichtvater an, ›damit ich sehen kann, und um Mut, alles Ego im Werk zu entfernen. Ich muss komplett verschwinden, wenn ich will, dass Gott das Ganze hat.‹«[17] Mir scheint, dass Gott sich dieser Bitte verweigert hat. Er hat sich vielmehr in der Person Teresas zum Leuchten gebracht.

---

14 Vgl. Christian Feldmann (2007): Die Liebe bleibt. Das Leben der Mutter Teresa. Herder Verlag, Freiburg.

15 Ebd., S. 87.

16 Navin Chawla (1993): Mutter Teresa. Goldmann Verlag, München, S. 94 f.

17 Christian Feldmann (2007): Die Liebe bleibt. S. 25.

So finden wir bei Mutter Teresa die Neigungen, die für Gemeinschaftsstifter typisch sind: eine Sehnsucht nach einer starken Gemeinschaft und die Fähigkeit, eine solche aufzubauen; die Gabe, das eigene Glück in der Freude des anderen zu finden; eine Opferbereitschaft, die gelegentlich einen Ausgleich braucht: Es ist zum Beispiel eine ältere Ordensschwester, die feste Ruhezeiten für die Gemeinschaft empfiehlt. Diesem Rat folgt Mutter Teresa mehr aus Vernunft als aus Leidenschaft.

Er hat sich selbst mit mir vermählt

Sowohl die Gipfelerfahrungen Teresas als auch ihre Tiefen zeigen, wie sich Gott mit ihrer Person verbindet und wie er Teresa eine heilige Unabhängigkeit schenkt.

Teresa verlässt ihren Orden, um die letzte trennende Barriere einzureißen, die sie zwischen sich und anderen Menschen sieht, aber auch zwischen sich und Gott. Sie tauscht die Ordenstracht gegen den Sari, den Indiens Arme tragen. Mit diesem Schritt beginnt ihr Lebenswerk, sie selbst ist aber schon am Ziel. Sie ist angelangt, wo sie die größte Nähe zu Jesus spürt und wo sie sich den Menschen schenken kann, für die ihr Herz am stärksten brennt:

> »Wer ist Jesus für mich?
> Jesus ist der Hungrige – der gespeist werden soll.
> Jesus ist der Dürstende – dessen Durst gestillt werden soll.
> Jesus ist der Nackte – der bekleidet werden soll. [...]
> Jesus ist der geistig Zurückgebliebene – der beschützt werden soll.
> Jesus ist der Kleine, der umarmt werden soll. [...]
> Jesus ist die Prostituierte – die man aus der Gefahr holen und mit der man sich anfreunden soll. [...]
> Für mich –

Jesus ist mein Gott.
Jesus ist mein Gemahl.
Jesus ist mein Leben.
Jesus ist meine einzige Liebe.
Jesus ist mein Alles in allem.
Jesus ist mein Alles.
Jesus, den ich mit meinem ganzen Herzen liebe, mit meinem ganzen Sein.
Ich habe Ihm alles gegeben, sogar meine Sünden, und Er hat Sich Selbst mit mir vermählt in Zärtlichkeit und Liebe. Jetzt und mein ganzes Leben lang bin ich die Braut meines gekreuzigten Gemahls. Amen.«[18]

Nur wenige Wochen muss Mutter Teresa ihren Weg allein gehen. Dann schließen sich ihr die ersten jungen Frauen an, ehemalige Schülerinnen. Teresa ist sich gewiss, dass es Jesu Werk ist, an dem sie arbeitet. Das verleiht ihr ein ungewöhnliches Selbstbewusstsein:

»Die Leute sind unvernünftig, unlogisch und selbstbezogen, liebe sie trotzdem.
Wenn du Gutes tust, werden sie dir egoistische Motive und Hintergedanken vorwerfen, tu trotzdem Gutes.
Wenn du erfolgreich bist, gewinnst du falsche Freunde und echte Feinde, sei trotzdem erfolgreich.
Das Gute, das du tust, wird morgen vergessen sein, tu trotzdem Gutes.
Ehrlichkeit und Offenheit machen dich verwundbar, sei trotzdem ehrlich und offen.
Was du in jahrelanger Arbeit aufgebaut hast, kann über Nacht zerstört werden, baue trotzdem.
Deine Hilfe wird wirklich gebraucht, aber die Leute greifen dich vielleicht an, wenn du ihnen hilfst, hilf ihnen trotzdem.

18 Ebd., S. 65–66.

Gib der Welt dein Bestes, und sie schlagen dir die Zähne aus, gib der Welt trotzdem dein Bestes.«[19]

Selbstbewusst weist Teresa Menschen ab, die sie aus der Gemeinschaft mit Jesus, ihren Schwestern und den Armen ziehen wollen: Touristen und Journalisten. Teresa verweigert sich dem Festessen, wenn sie Preise annimmt. Sie fürchtet keine politischen Brüche, wenn sie Abtreibung verurteilt, und kritisiert, dass reiche Länder Flüchtlinge abweisen.

Wenn es einen Gott gibt, verzeih mir bitte

Mutter Teresa ist sich der Herzensgemeinschaft mit Jesus gewiss. Sie tritt in seinem Namen auf und wird so von Menschen unabhängig. Doch sie durchlebt auch tiefe Täler der Gottesfinsternis: »Selbst tief drinnen in meinem Innersten ist nichts als Leere und Dunkelheit. [...] So viele unbeantwortete Fragen leben in mir – Ich habe Angst, sie zu enthüllen – wegen der Gotteslästerung. – Wenn es einen Gott gibt, verzeih mir bitte.«[20]

Solche Erfahrungen der Gottesferne kann man auf unterschiedliche Weise deuten. Im Rahmen einer Charakterkunde möchte ich es so tun: Das Schweigen Gottes bewirkt eine Unabhängigkeit von Gottes Bestätigung, von seiner spürbaren Gegenwart. Gott entfernt sich. Was bleibt, sind die Spuren, die seine Gegenwart im Charakter eines Menschen hinterlassen hat. Das Bild Jesu, das ins Herz eines Menschen geprägt ist, leitet den Glauben durch die Dunkelheit. Die unabhängige Liebe ist stärker als die abhängige, freier, würdevoller. Mir scheint, Gott sucht manchmal eine solche Liebe:

»In meinem Herzen gibt es keinen Glauben – keine Liebe – kein Vertrauen – dort ist so viel Schmerz – der Schmerz des

19 Ebd., S. 100.
20 Ebd., S. 90.

Verlangens, der Schmerz, nicht gewollt zu sein. – Ich will Gott mit allen Kräften meiner Seele – und trotzdem gibt es zwischen uns – diese furchtbare Trennung. – Ich bete nicht mehr. – Ich spreche die Worte der Gemeinschaftsgebete aus – und versuche mein Äußerstes, um aus jedem Wort die Süße herauszuholen, die es spenden müsste. – Doch mein Gebet der Vereinigung gibt es nicht mehr. – Ich bete nicht mehr. – Meine Seele ist nicht länger eins mit Dir – und trotzdem – wenn ich alleine auf der Straße bin – dann spreche ich stundenlang mit Dir – über meine Sehnsucht nach Dir. […] Ich bin bereit, auf Dich in alle Ewigkeit zu warten. – Deine Kleine.«[21] Teresa findet in eine heilige Unabhängigkeit, die auch dem Schweigen Gottes standhalten kann.

Ich will den Weg Teresas noch einmal nachzeichnen. In Teresa lebte ein Bild von Gemeinschaft. Seiner Verwirklichung standen viele Hindernisse im Weg. Teresa enttäuschte Erwartungen, sprengte den vorgegebenen Rahmen, um an ihr Ziel zu kommen: eine Gemeinschaft, die ihr entspricht, einen Ort, wo sie sich Gott besonders nahe fühlte. Im vorgegebenen Ordensrahmen zu leben, wäre für sie einer Selbstaufopferung gleichgekommen. Sie wollte mehr geben. Teresa ließ sich vom Wort Gottes in einer Weise berühren, die ihr Unabhängigkeit und Selbstbewusstsein verlieh. Teresa öffnete ihr Wesen der Gegenwart Christi so, dass sie seine Worte und Absichten in sich aufnahm. Sie gewann ein Profil, das Menschen noch lange prägen wird: grenzenlose Gemeinschaft mit denen, auf die sich Gottes Liebe richtet, Unabhängigkeit von Menschen, die von dieser Gemeinschaft ablenken wollen.

Ein wenig fürchte ich, man könnte die Botschaft dieses Kapitels so verstehen: Gemeinschaftsstifter sollen so leben wie Mutter Teresa: dienend, opferbereit, in Tuchfühlung mit Jesus. Doch das ist einzigartig, eine einzigartige Gabe und Berufung. Zum Vorbild kann aber die Unabhängigkeit werden, aus der Mutter Teresa ihr Leben aufbaute. Wo sie sich im Einklang mit

21 Ebd., S. 90–91.

Jesus fühlte, ging sie ihren Weg, ohne auf die Bestätigung oder Billigung von Menschen zu warten. Gemeinschaftsstifter können zu einem Anwalt Jesu werden, zu seiner Stimme, zu seinem Körper, der Menschen aufsucht und berührt. Das werden sie nicht mit großen Worten vor sich hertragen. Sie werden aber ein Selbstbewusstsein entfalten, das nicht irrewird, wenn ihr Weg andere enttäuscht.

HOFFNUNGSTRÄGER KOMMEN BEI GOTT AN

Hoffnungsträger wissen, wie man ankommt und wie man Menschen gewinnt. Ihre Sehnsucht nach Wirkung beflügelt sie, Aufgaben so anzupacken, dass ein Erfolg am Ende steht. Hoffnungsträger haben früh gelernt, die Persönlichkeit zu verkörpern, die andere gerne wären, und das zu erreichen, wonach sich andere sehnen. Manchmal entfremden sich Hoffnungsträger dabei von sich selbst. Gott ruft sie zu einer Rast. Wenn Hoffnungsträger innehalten und aufatmen, können sie sich bewusst machen: »Ich habe bei Gott längst Wertschätzung und Annahme gefunden.«

Wenn ich im Wind flattere

Wenn Pastor Bill Hybels spricht, setzt er Adrenalin frei. Unter seiner Führung geben Menschen alles. Sie lassen im Glauben ihre finanzielle Sicherheit hinter sich. Sie setzen ihr ganzes Leben ein. Unter Tränen blicken seine Mitarbeiter später zurück und sehen: Es hat sich gelohnt. Sie haben eine Gemeinde aufgebaut, in der Tausende zu Christus finden und sich ein neues Leben aufbauen, unter ihnen viele Menschen mit Nöten. 10 Prozent des gewaltigen Budgets fließen in die Armutsbekämpfung, die die Gemeinde selbst vor Ort leistet: Bedürftige Menschen erhalten kostenlos Essen, Kleidung, medizinische Versorgung, Autoreparaturen und Rechtsberatung. Bill Hybels hat aufgebaut, wonach sich christliche Gemeinden in der ganzen Welt sehnen: eine gewinnende Kirche, in der Menschen von der Kraft Gottes erfasst werden und ihr Leben verändern. Auch wenn sein Dienst erschütternd geendet hat, will ich an Hybels' Lebensweg zeigen, wie Hoffnungsträger bei Gott ankommen.

Bill Hybels wird 1952 in Kalamazoo geboren, im US-Bundesstaat Michigan. Er studiert Theologie am Trinity College in Deerfield. Hybels sitzt in einem Seminar für Neues Testament, als ihm ein Dozent ein Bild vor Augen malt, das ihn nie mehr loslässt: das Bild der christlichen Urgemeinde, wie sie im zweiten Kapitel der Apostelgeschichte beschrieben wird. Nach seinem Studium gewinnt Hybels Mitstreiter für ein Leben nach dieser Vision. Mittellos, auf die tägliche Versorgung von Gott angewiesen, beginnen sie eine Gemeindearbeit, die Menschen gewinnt und wächst. Im Jahr 2016 besuchen 25.000 Menschen den Gottesdienst der Willow-Creek-Gemeinde.[22] Weltweit haben sich 300.000 Gemeinden dem Willlow-Creek-Netzwerk angeschlossen. 2018 muss der erfolgreiche Leiter seinen Dienst vorzeitig aufgeben. Mehrere Frauen berichten von Fehlverhalten wie Anzüglichkeiten und unerwünschten körperlichen Annäherungen. Hybels bestreitet diese, doch nach einer Prüfung durch die Gemeindeleitung wurden sie als glaubhaft bestätigt.[23]

Schon als junger Mensch wird Bill Hybels zu Leistung he-

---

22 Nach deren eigener Angabe.

23 Darf man heute das Leben von Bill Hybels überhaupt noch auf diese Weise betrachten? Ja, finde ich, denn in diesem Kapitel zeigt sich auch die Lebensfalle von Hoffnungsträgern, wie sie im ersten Teil des Buches beschrieben ist: die Vernachlässigung des inneren Lebens. Nichts würdigt das Leid der betroffenen Frauen mehr als alles, was dessen Wiederholung vorbeugt.

rausgefordert. Er berichtet im Rückblick: »Schon als ich noch ein kleiner Junge war, sagte er [der Vater] mir, dass ich ein Leiter sei. Um auf diesem Potenzial aufzubauen, setzte er mich bereits in sehr jungen Jahren absichtlich allen möglichen Herausforderungen und auch hoch riskanten Situationen aus. Seine Abschiedsworte lauteten immer: ›Du bist eine Führernatur. Du wirst es schon schaffen.‹ Ich vermute ja, dass dies für ihn die Entschuldigung dafür war, dass er mich nicht coachen oder mir irgendetwas beibringen musste. Sein Schnellkurs für Führungskräfte bestand darin, mich ins tiefe Ende des Schwimmbeckens zu werfen und zu rufen: ›Geh unter oder schwimm!‹«[24]

Später trifft der Vater eine Entscheidung, die eine Bewährungsprobe herbeiführt:

»Egal, welchen Maßstab man anlegt, auf jeden Fall würde mein Elternhaus als wohlhabend gelten. Aber mein Vater war der Ansicht, dass ich, als ich das Familienunternehmen verließ, mit leeren Händen gehen sollte. Und so geschah es. Als Lynne und ich also Willow Creek gründeten, hatten wir kein Geld. Die Gemeinde konnte es sich in den ersten drei Jahren nicht leisten, uns ein Gehalt zu zahlen, deshalb arbeitete ich nachts auf dem Markt in Chicago und Lynne gab privat Flötenunterricht. Außerdem teilten wir unser winziges Haus mit zwei Untermietern, mit denen wir ein ausgeklügeltes finanzielles Arrangement trafen. Immer wenn irgendjemand von uns Geld verdiente, sollte er einen Teil davon auf den Kühlschrank legen. Wir beteten jeden Tag, dass dort am Ende des Monats genug für die Miete lag.«[25]

Bill Hybels mag verinnerlicht haben: »Es kommt auf deine Ausstrahlung an, auf deine Tatkraft, auf deine Fähigkeit, Erfolge herbeizuführen.« Vielleicht auch: »Erst wenn du dich unter Beweis stellst, bist du bei Gott und anderen willkommen.«

24 Bill Hybels (2002): Mutig führen. Navigationshilfen für Leiter. Gerth Medien, Asslar, S. 144 f.
25 Ebd., S. 117.

Hybels' frühe Erfahrungen haben sein Glaubensleben geprägt. In seinem Buch *Mutig führen* beschreibt er unterschiedliche Zugänge zu Gott. Der »aktive Zugang« entspreche seiner eigenen Persönlichkeit:

»Eine ganze Reihe von Männern und Frauen wurden von Gott dazu berufen, aus den Startblöcken zu stürmen und in vollem Tempo von dem Tag, an dem sie ihren Auftrag bekamen, bis zu ihrem Todestag zu laufen. Auf ihrem Weg setzen sie alle möglichen Aktionen im Reich Gottes in Gang. Fragen Sie Aktivisten, wann sie sich Gott am nächsten fühlen, und Sie werden zu hören bekommen: ›Wenn ich auf einem Zipfelchen Glauben stehe und im Wind flattere. Wenn der Kampf gegen den Teufel am erbittertsten ist und die einzige Hoffnung auf einen Sieg das Eingreifen Gottes ist.‹ Aktivisten sind stolz, wenn sie sagen können: ›Ich fühle mich Gott dann am nächsten, wenn ich den letzten Tropfen meiner emotionalen, körperlichen und geistlichen Kraft für das Reich Gottes gegeben habe. Oder wenn ich abends auf meinem Kopfkissen zusammenbreche und sagen kann: Gott – ich habe dir alles, mein Bestes, meinen letzten Blutstropfen gegeben.‹«[26]

Wir ahnen das ungeheure Potenzial, das in dieser Veranlagung liegt. Dass es hervorbringt, worauf Menschen hoffen, sehen wir am Lebenswerk von Bill Hybels. Doch wir ahnen an dieser Stelle bereits, dass das Potenzial der Hoffnungsträger eine Gefahr birgt:

»Wie bereits erwähnt, stand ich zu Beginn der 1990er-Jahre kurz vor einem völligen emotionalen Zusammenbruch. Es ist überflüssig zu sagen, dass in meinem Leben keine Spur von Selbstmanagement zu finden war. Ich verstand das Prinzip der Selbsterhaltung nicht. Also nahm ich keine Rücksicht auf meine Gefühle. Ich missbrauchte meine geistlichen Gaben. Ich ruinierte meinen Körper. Ich vernachlässigte meine Familie und meine Freunde. [...] Ich weiß noch, wie ich in einem Restaurant saß

26 Ebd., S. 248.

und schrieb: ›Das Tempo, in dem ich für Gott arbeite, zerstört das Arbeiten Gottes in mir.‹ Dann, immer noch in diesem Restaurant, ließ ich den Kopf auf mein Notizbuch sinken und fing an zu weinen. Nachdem ich mich wieder gefasst hatte, sagte ich: ›Gott, was ist hier los?‹ Ich spürte, wie der Heilige Geist antwortete: ›Bill, wer hält dir ein Gewehr an den Kopf? Wer zwingt dich, mehr abzubeißen, als du kauen kannst? Wer macht dir solche Angst, dass du mehr Leistung bringst, als gefordert ist? Von wem – abgesehen von Gott – suchst du Beifall, Anerkennung und Zustimmung? Was bringt dich dazu, so zu leben?‹«[27]

Ein Lächeln über den ganzen Himmel

Hybels sucht sich einen Therapeuten, unter dessen Begleitung er sich seinem Inneren zuwendet.[28] Hybels spürt verborgene Gefühle auf und legt verschüttete Wünsche frei. Dann trifft er Entscheidungen, die nicht mehr in das Bild passen, das sich Menschen von ihm gemacht haben:

»Die einzige Möglichkeit, die ich sah, um mich wieder zu erholen, war ein Rückzugsort, der ein paar Stunden von der Gemeinde entfernt war, an den ich mit meiner Familie fahren konnte, um wieder Kräfte zu sammeln.

Ich erwartete umgehend Unterstützung für meine Pläne, aber ich bekam sie nicht. Ich werde nie diesen zögerlichen Blick in den Augen der Ältesten vergessen. Sie machten sich zwar aufrichtig Sorgen um mich und meine Familie, wussten aber auch, wie wichtig meine Anwesenheit zu dieser Zeit war. Wir standen mitten in einem millionenschweren Bauprojekt, das Geld war knapp, und die Gemeinde fühlte sich schon an die Grenzen gebracht. Meine Abwesenheit konnte alles nur noch schlimmer machen. Aber die Ältesten wussten, dass ich am Ende war, und

27 Ebd., S. 217.
28 Ebd., S. 268.

so hatten sie die Weisheit (und Gnade), mir eine dreiwöchige Pause zuzugestehen.

Nachdem ich die Gemeinde von meinen Plänen in Kenntnis gesetzt hatte, bekam ich von einem Mann aus der Gemeinde einen vernichtenden Brief: ›Wer glauben Sie eigentlich, dass Sie sind? Sie stehen vor der Gemeinde und fordern uns auf, Opfer zu bringen, uns einzusetzen und zu spenden – und dann legen Sie sich an den nächsten Strand. [...]‹ Und so weiter und so fort.

Ich war am Boden zerstört. Ich lehnte mich in meinem quietschenden Bürostuhl aus dritter Hand zurück und fühlte mich grässlich. Ich begann mit dem Gedanken zu spielen, auf meine dringend benötigte Pause zu verzichten. Fleischlicher Machostolz steigerte sich in mir bis zu dem Punkt, an dem ich darüber nachdachte, mich absichtlich zu Tode zu arbeiten. [...] Aber Stunden später gewannen sinnvollere Gedanken die Oberhand. Ich zerriss diesen Brief und ging nach Hause, um meiner Familie beim Packen für die Sommerstudienpause zu helfen. Ohne melodramatisch sein zu wollen – dieser Urlaub hat vermutlich meine Familie und meinen Dienst gerettet. Diese drei Wochen ebneten den Weg für eine jährliche Studienpause mit meiner Frau und meinen Kindern, die uns über 20 Jahre lang neue Kräfte gab. Ich kann ehrlich sagen, dass ich ohne diese Sommerpausen nicht so lange im Gemeindedienst durchgehalten hätte. Meine Familie auch nicht. Doch den Mut für den ersten Urlaub dieser Art aufzubringen war eines der schwersten Dinge, die ich je getan hatte.«[29]

Hybels sucht Orte, an denen er vor Gott ruhen kann. Die inneren Widerstände sind bei seiner Suche noch größer als die äußeren. Hybels beschreibt, wie er einen inneren Widerstand niederringt:

»Nachdem er [der Therapeut] einige Wochen lang zugehört hatte, wie ich zum einen über meine Liebe zum Segeln, zum anderen über meine Bedenken sprach, wieder damit anzufangen,

---

29 Ebd., S. 264 f.

entlockte mir mein Berater sanft die Wahrheit, warum ich tatsächlich so viele Hemmungen hatte, wieder mit dem Segeln anzufangen. Was dann aus meinem Mund kam, überraschte sogar mich selbst: ›Wenn ich mir ein Segelboot kaufen würde, würde irgendeine Zeitschrift davon sicher ein Foto machen, auf dem es doppelt so groß wirkt. Sie würden es eine Jacht nennen und einen großen Skandal daraus machen. Dann müssten sich Willow und Gemeindeleiter auf der ganzen Welt damit herumschlagen, also ... Vergessen Sie es! Meine Segelzeit ist vorüber.‹

›Bill‹, sagte er, ›Sie müssen regelmäßig Zeit für Entspannung einplanen, wenn Sie auf lange Sicht gesund und fit bleiben wollen. Gott hat Sie so geschaffen. Ich schlage Ihnen vor, sich in dieser Frage von der Angstseite auf die Glaubensseite zu schlagen und sich nach geeigneten Booten umzusehen!‹

Viele Monate später kauften Lynne und ich ein gebrauchtes, ramponiertes, zehn Meter langes Segelboot, das mehr Freude in mein Leben brachte, als ich mir je hätte träumen lassen.«[30]

Plötzlich entdeckt Hybels eine ganz neue Qualität in seiner Gottesbeziehung: »Wenn ich allein auf einem Boot bin, spüre ich oft das Lächeln Gottes auf mir. Ich spüre, wie er sagt: ›Bill, du bist mehr als eine Maschine für mich. Du bist mein Sohn. Ich habe in dich eine Liebe für den Wind, das Wasser und die Bewegung der Wellen gelegt. Wenn du auf einem Boot bist, dich freust und das Leben liebst, dann freue ich mich auch – und lächle über den ganzen Himmel.‹«[31]

Bill Hybels ist bei Gott angekommen. Gott wendet sich seinen Gefühlen und Bedürfnissen zu. Gott ruft seine ganze Person in den Dienst, nicht nur seine Fähigkeiten. Ja, Gott braucht uns und möchte uns einsetzen, um sein Reich auf der Erde zu verwirklichen. Aber Gottes Wertschätzung und Annahme stehen vor aller Leistung. Gott will dynamische Mitstreiter, aber er sieht sie als ganze Person, die Selbstfürsorge genauso braucht

30 Ebd., S. 269 f.
31 Ebd., S. 270.

wie Selbstüberwindung, Ruhe genauso wie Vorwärtskommen, Kind sein dürfen genauso wie die Herausforderung. Wenn Hoffnungsträger bei Gott ankommen, verändert sich auch die Qualität ihrer menschlichen Beziehungen:

»Leben in seiner ganzen Fülle« bedeutet für Bill Hybels besonders: »Menschen in meinem Herzen tragen, während ich mit ihnen zusammenarbeite, und auch von diesen Menschen im Herzen getragen zu werden, das bedeutet es, zu einem ›Dream-Team‹ zu gehören. Das ist schon fast ein Stück Himmel auf Erden.«[32]

32 Ebd., S. 87.

SINNESWECKER BLICKEN IN EINEN HEILIGEN SPIEGEL

Der geistliche Weg von Sinnesweckern hat einen Ausgangspunkt, der mit ihrer Sehnsucht nach Echtheit zu tun hat. Sinneswecker wollen identisch sein, ihr Leben soll zu ihrem tieferen Wesen passen. Ihre Worte, ihr Tun, ihr Stil sollen sich natürlich aus ihrer Persönlichkeit ergeben. Dieser Charakterzug macht Sinneswecker zu stilbewussten, ästhetischen und authentischen Menschen, die anderen die Augen öffnen für die Welt und für das eigene Wesen. Sinneswecker bewegt eine Lebensfrage, die fasziniert und beflügelt, die aber auch quälen und rastlos machen kann: Wer bin ich? Die Suche nach Identität trifft auf eine befreiende Botschaft, wenn sie Christus begegnet: Er hält Menschen einen heiligen Spiegel vor, in dem sie sich selbst erkennen können.

Wer bin ich?

Henri Nouwen hat das Leben zahlloser Menschen geprägt. Seine Vorträge und Bücher haben Menschen den Sand aus den Augen gewaschen, sie aufgerüttelt, wachgeliebt und in die Begegnung mit sich selbst geführt. An Nouwens Lebensweg möchte ich zeigen, wohin der Glaube Sinneswecker führt.

Henri Nouwen wird 1932 in Holland geboren. Nach dem Studium der katholischen Theologie lässt er sich zum Priester weihen. Vertiefende Studien in Psychologie und Religionswissenschaft führen Nouwen zu einem Ruf als Professor. Er lehrt an verschiedenen Universitäten in den Niederlanden und in den USA. 1985 gibt er seine Tätigkeit als Professor auf, um sich der Arche-Gemeinschaft in Kanada anzuschließen, die ein gemeinsames Leben mit Menschen gestaltet, die schwerbehindert sind. Dort bringt sich Nouwen ein, bis er 1996 stirbt.[33]

Henri Nouwen ist mit den Lebensthemen von Sinnesweckern vertraut. Seine Suche nach Identität macht sich schon früh bemerkbar. Der Biograf Christian Feldmann beschreibt sie so: »Obwohl er das älteste von vier Kindern war, fehlte es ihm nicht an emotionaler Zuwendung. Er hätte sich rundum angenommen und geliebt fühlen können, doch irgendeine wilde Sehnsucht war in ihm, die niemand stillen konnte. Er kaute ständig an seinen Fingernägeln herum, war voller Ungeduld, nichts konnte ihm schnell genug gehen – und er wollte immer anders sein als die anderen. Nicht unbedingt besser, aber anders.«[34]

Nouwen bildet wache Sinne aus, ein ästhetisches Empfinden und die Fähigkeit, aus der Tiefe seiner Seele zu schöpfen. Mit diesen Gaben prägt er Menschen: »Viele waren begeistert von der Authentizität, mit der Nouwen Körper und Geist, Herz und Verstand zusammenbrachte und das Auditorium an seiner inne-

33 Christian Feldmann (2006): Henri Nouwen. Glaube heißt Sehnsucht. Herder Verlag, Freiburg.
34 Ebd., S. 14.

ren Bewegung Anteil nehmen ließ. Seine Gottesdienste, die er am liebsten mit kleinen Gruppen von Studenten oder Freunden feierte, hatten nichts von steifer Würde an sich und erfüllten die Teilnehmer doch zwangsläufig mit einer tiefen Ehrfurcht vor dem Mysterium. Er bevorzugte einen niedrigen Holztisch und einen blanken Kelch statt der goldenen Altargeräte und der Architektur großer Kirchen, weil er sich so dem Mahl Jesu mit seinen Freunden näher fühlte, und diese Intimität teilte sich den Feiernden mit, genau wie seine stille Freude.«[35]

Sein Gespür für die gefährdete Identität des Menschen macht Nouwen zu einem einfühlsamen Seelsorger. So schreibt er zum Beispiel von Menschen, die streng religiös erzogen wurden: »Sie hatten sich von einer Mauer von Verboten umschlossen gefühlt, und Gottes grausame Allmacht, sein Allwissen und seine Allgegenwart hatten ihnen ihre Selbstachtung geraubt. Mit ihrer armseligen Nacktheit dem aufdringlichen, alles durchdringenden Auge Gottes ausgesetzt, hatten sie sich ihrer Identität im Inneren beraubt gefühlt.«[36]

Nouwen selbst stellt sich quälende Fragen nach seiner Identität und seinem Verhältnis zu anderen Menschen:

»Wer bin ich? Ich bin der, den man mag, den man lobt und bewundert, oder den man nicht mag, den man besser hasst oder verachtet. [...] Wenn mein Selbstbewusstsein davon abhängt, was andere über mich sagen, dann ist es kein Wunder, wenn ein kritisches Wort mich schnell verletzt.«[37]

»Steckt nicht in jeder noch so intimen Begegnung ein Splitter Missverständnis, in jedem Versuch, eins zu werden, die schmerzliche Erfahrung, dennoch getrennt zu bleiben, in jedem

---

35 Ebd., S. 36.

36 Henri Nouwen (1992): Sehnsucht nach lebendiger Beziehung. Herder Verlag, Freiburg, S. 60 ff. Zitiert nach: Christian Feldmann (2006): Henri Nouwen. S. 21.

37 Henri Nouwen (1981): Feuer, das von innen brennt. Stille und Gebet. Herder Verlag, Freiburg, S. 19 ff. Zitiert nach: Christian Feldmann (2006): Henri Nouwen. S. 46.

Akt der Hingabe ein ängstlicher Vorbehalt? Gibt es eine fatale Beimischung von Hass im Kern von allem, was wir Liebe nennen?«[38]

Mehrfach drängt sich Nouwen das Gefühl auf, dass sein Leben nicht verkörpert, was er empfindet und was er glaubt. Dann bricht er seine Zelte ab und zieht weiter. Sein Weg führt ihn in ein Trappistenkloster, in die Slums von Lateinamerika und schließlich in die Lebensgemeinschaft mit Behinderten.

Nimm sein Bild in dein Herz

Seine Gottesbeziehung wird Nouwen zu einem heiligen Spiegel. Sie vermittelt ihm eine tiefe Identitätserfahrung. Er wird gewahr, »dass wir nicht das sind, was wir erkämpfen, sondern das, was uns geschenkt wird«.[39] Nouwen beschreibt die Schritte, die zu einer Identitätserfahrung führen:

»Aber Jesus wohnt in deinem angstvollen, nie ganz angenommenen Selbst. Wenn du dich mit deinem wahren Selbst befreundest und entdeckst, dass es gut und anziehend ist, wirst du in ihm Jesus sehen. Wo du am menschlichsten, am meisten du selbst und zugleich am schwächsten bist, dort ist Jesus. Dein angstvolles Selbst heimbringen heißt, Jesus selbst heimbringen. Solange dein verwundbares Selbst sich nicht von dir willkommen geheißen fühlt, hält es so viel Abstand, dass es dir seine eigentliche Schönheit und Weisheit nicht zeigen kann. So überlebst du zwar, doch ohne wirklich zu leben. Versuch, dein kleines angstvolles Selbst nah an dich zu nehmen. [...] Hab Geduld! Fühlst du dich einsam, bleib bei deiner Einsamkeit. Gib nicht der Versuchung nach, deinem angstvollen Selbst zu ent-

38 Henri Nouwen (1992): Sehnsucht nach lebendiger Beziehung. S. 32. Zitiert nach: Christian Feldmann (2006): Henri Nouwen. S. 56.
39 Henri Nouwen (1993): In ihm das Leben finden. Einübungen. Herder Verlag Freiburg. S. 76. Zitiert nach: Christian Feldmann (2006): Henri Nouwen. S. 46.

fliehen. Lass dich die Weisheit lehren, die es besitzt. Lass dir von ihm sagen, dass du leben und nicht bloß überleben kannst. Mit fortschreitender Zeit wirst du eins werden und feststellen, dass Jesus in deinem Herzen lebt und alles für dich bereithält, was du brauchst.«[40]

Nouwen lernt, seine Identität als Geschenk zu empfangen: Ich bin, was ich dir, Gott, bedeute. In seinem Buch *Nimm sein Bild in dein Herz* legt Nouwen die Geschichte des verlorenen Sohnes aus. Der Sohn verspielt seine Selbstachtung, gewinnt aber an der Liebe des Vaters eine neue Identität. Dieses Bild sollen die Leser ins Herz nehmen von Gott, dem Vater, der seinen Kindern Wärme, Würde, Annahme und Zukunft schenkt.

Henri Nouwen blickt in den Spiegel der Liebe Gottes. Er erkennt sich in einer Weise, die weiter reicht als Selbstergründung und menschliche Bestätigung. Gleichzeitig öffnet sich ein Raum für zwischenmenschliche Identitätserfahrung: Ich verstehe dich als Geschenk an mich. Ich bin, was deine Liebe in mir sieht. Ich verstehe mich als Geschenk für dich. Ich bin, was ich dir bedeute. Nouwens Arbeit als Seelsorger wird reich an Identitätserfahrungen genau wie seine Begegnung mit den Ärmsten und sein Leben mit behinderten Menschen. Auch seine Freundschaften gewinnen einen sicheren Boden, das Gefühl, sich gegenseitig erkennen zu können. Nouwen beschreibt den Durchbruch in einer wichtigen Freundschaft so: »Jetzt, nachdem ich die innere Stimme der Liebe entdeckt hatte und ihr vertrauen konnte, brauchte ich das ständige Bei-ihm-Sein nicht mehr. Jetzt konnten wir Freunde sein, Mitglieder derselben Gemeinschaft, zwei Männer auf der gemeinsamen Reise zu Gott. Unser beider Armut hatte sich berührt, unsere Beziehung hatte einen festen Grund.«[41]

---

40 Henri Nouwen (2004): Die innere Stimme der Liebe. Aus der Tiefe der Angst zu neuem Leben. Herder Verlag, Freiburg, S. 62 f. Zitiert nach: Christian Feldmann (2006): Henri Nouwen. S. 61.

41 Henri Nouwen (1998): Adam und ich. Eine ungewöhnliche Freundschaft. Herder Verlag, Freiburg, S. 87. Zitiert nach: Christian Feldmann (2006): Henri

Wenn ich Henri Nouwens Erfahrungen charakterkundlich nachzeichne, lässt sich sein Weg so beschreiben: Er hat entdeckt, dass sich Gott liebevoll mit ihm identifiziert: »Du bist mein geliebter Sohn. Du bist, wie ich dich haben will, mein Ebenbild, Ausdruck meines guten Wesens. In dir wohnt meine Schönheit, meine Weisheit, meine Reinheit, das Strahlen meiner Liebe. Ich genieße deine Aufmerksamkeit und Liebe. Ich brauche dich.« Umgekehrt hat Henri Nouwen gewagt, sich mit Gott zu identifizieren: »Du bist eine Antwort auf meine Fragen und Sehnsüchte. Mein Wesen und dein Wesen passen zusammen. Wir beide können zu einem Wir finden.« Es waren menschliche Erfahrungen, die den Weg zu einer solchen Identitätserfahrung mit Gott gebahnt haben. Umgekehrt hat aber auch die Gotteserfahrung Nouwens menschliche Beziehungen verändert. Er erlebt, wie er sich in einem Wir wiederfinden kann, wie er gleichzeitig bei einem anderen und in Einklang mit sich selbst sein kann. Es gelingt ihm immer leichter, sich in der eigenen Schwäche und Besonderheit zuzumuten und sein Selbstbild um das erweitern zu lassen, was der liebevolle Blick anderer in ihm erkennt.

Sinneswecker haben gelernt, ihren Mangel an Identitätserfahrung zur Gabe zu machen. Wenn sie in einen Spiegel der Liebe blicken, beginnen sie aus einer Fülle von Identitätserfahrung zu leben. Dann gelingt es ihnen, das Besondere ihres Wesens in die Gemeinschaft einzufügen. Sie wecken anderen die Sinne für die Schönheit und Hintergründigkeit der Welt. Sie ermutigen andere, schöpferisch und in Einklang mit dem eigenen Wesen zu leben.

Nouwen. S. 106.

BRÜCKENBAUER ENTFACHEN EIN INNERES FEUER

Brückenbauer halten sich zurück. Sie schauen zunächst und lauschen. Sie nehmen die Welt in ihr Inneres hinein und begegnen ihr dort. Sie sehnen sich nach einer Verbundenheit mit der Welt, die Unterschiede überbrückt und zu bereichernden Begegnungen führt. Ihre Empfänglichkeit macht es Brückenbauern schwer, sich selbst zu schützen. Deshalb verharren sie manchmal in Zurückhaltung und verpassen ihren Einsatz. Oder sie mischen sich ein und fühlen sich hinterher, als seien sie durch ein Dornengestrüpp gelaufen. Auf ihrem geistlichen Weg entfachen sie ein inneres Feuer, dessen Flammen verzehren, was Begegnungen oft auslösen: Verwirrung, Schuldgefühle, Angst oder ein Gefühl von Verletztsein. Es ist die Gegenwart Gottes, die in ihrem Inneren aufräumt und ihre Zuneigung erneuert.

Frère Roger begründete einen Ort gemeinsamen Lebens, der von Gebet getragen war und von dem ein materielles und geistiges Teilen ausging. Das ist alles. Das ist sein Lebenswerk. Doch das einfache Glaubensleben, die schlichten Gesten der Versöhnung speisten sich aus einer Quelle, die direkt aus dem Himmel floss. Über Jahrzehnte fanden Millionen junger Menschen zu dieser Quelle. Sie schöpften dort Antworten auf existenzielle Fragen, sie trugen ihre Sehnsüchte in die Begegnung mit Jesus Christus. Es waren mehrheitlich Menschen, denen die Kirche fremd geworden war und die Spiritualität überall suchten, nur nicht im christlichen Glauben. Frère Roger überbrückte den Graben, der sich zwischen jungen Menschen und ihrer Kirche aufgetan hatte. Er überbrückte aber auch konfessionelle Grenzen. Als Protestant lebte er mit Katholiken, Orthodoxen und Christen anderer Denominationen. Zur Kommunität gehörten Brüder aus allen Kontinenten. Einige wurden in Elendsviertel ausgesandt, um bei denen zu leben, die die Liebe Christi besonders sucht. Frère Roger lebte aus einer inneren Glut, die Belastungen in sich aufnahm und seine Fähigkeit zum Einsatz erneuerte. Woran sich sein inneres Feuer entzündete, werde ich im Laufe des Kapitels zeigen.

Ein Weg, alles vom anderen zu verstehen

Roger Schutz-Marsauche wird 1915 in der Schweiz geboren, im Juradorf Provence. Er kommt als Jüngster von insgesamt neun Geschwistern zur Welt. Der Vater ist reformierter Pfarrer. Die entscheidenden Impulse empfängt Roger aber von seiner Großmutter, die eine tiefe Frömmigkeit lebt. Während seiner Zeit am Gymnasium verliert Roger die Verbindung zum Glauben. Er findet sie aber wieder und studiert von 1936 bis 1940 Theologie an den Universitäten Lausanne und Straßburg. 1940 kauft er ein Haus in Taizé und nimmt dort Flüchtlinge auf. Als Frankreich von den Nazis besetzt wird, muss er fliehen. 1944 kehrt er zurück, mit drei anderen Männern schließt er sich zu einer Bruderschaft zusammen. Sie unterstützen deutsche Kriegsgefangene und öffnen ihr geistliches Leben. Im Lauf der Jahre müssen sie Raum schaffen für Tausende von Gästen, die besonders über

Ostern und in den Sommermonaten in das Dorf strömen. Von Papst Johannes XXIII. wird Frère Roger eingeladen, das Zweite Vatikanische Konzil zu beobachten. Seither hält die Gemeinschaft einen engen Kontakt zum Vatikan, der die ökumenische Gemeinschaft anerkannt hat. Taizé wird zu einem Zuhause für die ganze Menschheitsfamilie. Das erkennen zahlreiche Ehrungen an, wie der UNESCO-Preis für Friedenserziehung. 2005 wird der 90-jährige Frère Roger während eines Gottesdienstes von einer geistig verwirrten Frau erstochen.

Frère Roger lernte früh, seinen inneren Raum zu beherrschen. Seinen Eltern war es wichtig, dass Roger seine Gefühle und Impulse zügeln lernte. Der Biograf Christian Feldmann zeichnet Rogers Kindheit so:

»Rogers Vater Charles Schutz, reformierter Pfarrer mit hervorragenden Kenntnissen in der Bibelwissenschaft, gab sich etwas verschlossen und wortkarg. Umso herzlicher zeigte seine Mutter Amélie Marsauche ihre Liebe. Sie konnte es nicht ertragen, wenn jemand in Ungeduld oder Zorn geriet; das kam ihr vor, ›als hätte er den Verstand verloren‹.«[42]

Frère Roger selbst erinnert sich in seinem Tagebuch:

»In meiner Kindheit hörte ich meinen Vater mir sagen: ›Früher war ich schwach, mit dir werde ich streng sein.‹ Diese Worte versetzten mich in abgrundtiefes Grübeln. Warum handelte er aus Reaktion? Niemals lehnte ich mich gegen seine Ansichten auf, ich erhob auch nicht Einspruch. Schweigen zu bewahren verlangte manchmal eine unwahrscheinliche Anforderung an meine Energie, mit dem Eindruck, am Rand der Kräfte zu sein. Später begriff ich es: Auch dabei formte ich mich.«[43]

---

42 Christian Feldmann (2005): Frère Roger, Taizé. Gelebtes Vertrauen. Herder Verlag, Freiburg, S. 15.

43 Frère Roger, Taizé (1984): Vertrauen wie Feuer. Tagebuchaufzeichnungen. Les Presses de Taizé, S. 54 f.

Niemals sagt dieses Feuer: Es reicht

Die Sehnsucht nach Verbundenheit, die Brückenbauer antreibt, ist Frère Roger nicht fremd: »Wenn es so etwas wie ein ›Bekehrungserlebnis‹ bei Roger gab, dann war es jener hereindämmernde Abend, als er sich – wie schon so oft – fragte: ›Warum dieses gegenseitige Sichbekämpfen unter den Menschen und selbst unter den Christen? Warum diese Verurteilungen, ohne Einspruch zuzulassen? Und ich fragte mich: Gibt es auf unserer Erde einen Weg, der so weit führt, alles vom anderen zu verstehen?‹

In dieser Stunde – den Tag konnte er noch nach Jahrzehnten datieren, den Ort beschreiben – fand er blitzartig eine Antwort, auf die er sein Leben lang immer wieder zurückgreifen sollte. ›Ich sagte mir: Wenn es diesen Weg gibt, beginne bei dir selber und engagiere dich selbst; du selbst, um alles von jedem Menschen zu verstehen. An diesem Tag hatte ich die Gewissheit, dass dieser Entschluss endgültig sei und bis zum Tod gelten würde.‹«[44]

Das Brückenbauen wird zu einem zentralen Motiv in Frère Rogers Leben. Er schreibt in seinem Tagebuch:

»Es ist so wichtig, dass alte Menschen einen jugendlichen einladen und ihn anhören, zum Beispiel einen jungen Menschen, der bis auf den Grund seiner Seele verletzt wurde, weil die engsten Beziehungen zu anderen Menschen zerbrochen sind. [...] Viele betagte Männer und Frauen meinen in den Augen der anderen, nichts wert zu sein, nichts Wesentliches fertiggebracht zu haben. Dabei sind sie fähig, anderen zuzuhören, ohne sie zu verurteilen, sind sie fähig zu leiden, ohne es andere spüren zu lassen. Wer wird hingehen und ihre abgearbeiteten Hände küssen zum Dank, dass sie anderen Wege bahnten?«[45]

Wenn ein empfindsamer Mensch in enger und verbindli-

44 Christian Feldmann (2005): Frère Roger. S. 20.
45 Ebd., S. 44 f.

cher Gemeinschaft lebt, geht das nicht ohne innere Kämpfe ab. Von diesen teilt Frère Roger wenig mit. Eine Spur mögen sie in der Regel der Gemeinschaft hinterlassen haben, durch die Frère Roger das Zusammenleben der Brüder ordnet. Die Regel öffnet einen weiten Raum für das gemeinsame Leben, doch an einer Stelle richtet sie mit eindringlichen Worten eine Grenze auf, dort, wo es um Aggressionsäußerung geht: »Bedenke, welchen Schmerz du Christus zufügst, wenn du in gereiztem Ton redest.«[46] Einer Aggression, die verletzend, verstörend, verneinend in den seelischen Raum des Bruders dringen will, tritt Frère Roger wehrhaft entgegen.

Wir wissen nicht, was es Frère Roger gekostet hat, den inneren Raum immer wieder in die Gemeinschaft zu öffnen. Wir sehen aber, zu welchem Ergebnis dieser Prozess geführt hat. Frère Roger spricht häufig von einem inneren Feuer, das alles verzehrt, was den Menschen quält, und das eine Leidenschaft am Brennen hält für Gott und den Menschen.

- »Unerwartet zieht die Liebe Gottes vorüber, wie ein Blitz durchstreift der Heilige Geist jeden Menschen in der Nacht. Durch diese geheimnisvolle Gegenwart stützt dich der Auferstandene, er kümmert sich um alles und nimmt selbst schwere Bedrängnis auf sich. Erst nachträglich, manchmal viel später, begreifst du, dass es nie an seiner Überfülle fehlt. Und du sagst: ›Brannte mir nicht das Herz, während er zu mir sprach?‹«[47]
- »Außergewöhnliche Christen wie Johannes vom Kreuz und die heilige Teresa von Avila haben recht spät ein neues Leben begonnen; sie, die so viele Frauen und Männer zu Christus geführt haben, können von dem Feuer sprechen, das mit dem Holz ihrer Vergangenheit geschürt ist. Die vom Leiden und dem Kreuz Christi gezeichnet sind,

46 Frère Roger (1980): Die Quellen von Taizé. Les Presses de Taizé, S. 33.
47 Christian Feldmann (2005): Frère Roger. S. 80.

werden eines Tages von dem Feuer brennen, das sich aus ihrer Vergangenheit nährt. Dann werden sie wissen: Nichts ist ohne Grund, nichts ist verloren in Gott.«[48]

- »In düsteren Zeiten, wenn sich der Sinn des Lebens verflüchtigt und du an dir selbst zweifelst, flackert ein Licht, hell genug, deine Nacht zu erleuchten. Brennt sich in dir das Feuer seiner Vergebung ein, verglüht deine eigene Verwirrung; er ruft dich bei deinem Namen; und dieses Feuer verzehrt selbst noch die Wurzeln der Bitterkeit. Niemals sagt dieses Feuer: ›Es reicht.‹«[49]
- »Gott aller Liebe, warum sollten wir darauf warten, dass unser Herz sich ändert, bevor wir zu dir kommen? Du verklärst es. Noch in unseren Wunden lässt du Gemeinschaft mit dir wachsen. Und in uns tun sich die Tore des Lobpreises auf.«[50]

Und alles atmet neues Leben

Es ist die beständige Erneuerung von Leib und Seele, die Frère Roger ermöglicht, in enger Verbindung mit Menschen zu leben: »Woher kommt es, dass ein solcher Mensch weder gebeugt noch erschöpft ist, obwohl er an den Rand seiner Kräfte gedrängt ist, obwohl er das Todesleiden Jesu an sich trägt, das Elend aller Menschen auf der Erde. Dies ist ein Geheimnis: In jedem Augenblick legt er alles in die Hände Christi, die Anfechtungen der anderen, seine eigenen, alles, was auf ihn einstürzt. Würde er nicht sogar auch für seine Feinde beten, überließe er einen Teil von sich selbst der Finsternis.

In dieser fortwährenden Übergabe an Gott werfen wir alles, selbst unsere körperliche Erschöpfung auf ihn. Und alles atmet

48 Frère Roger (1987): Frère Roger in seinem Tagebuch. Jeden Augenblick neu. Herder Verlag, Freiburg, S. 31.
49 Frère Roger (1980): Die Quellen von Taizé. S. 83.
50 Christian Feldmann (2005): Frère Roger. S. 84.

neues Leben, so frei, dass sich der Auferstandene selbst an unserem Körper zeigt. Mit unserem Körper singen wir sein Lob. Von Neuem beginnt alles in uns zu singen bis zur Lebensfülle: ›Jubilate Deo, jubilate Deo.‹«[51]

Frère Roger hat sich ein inneres Leben erschlossen, das sich nur in Bildern ausdrücken lässt. Auch wenn ich nun versuche, seine Erfahrung psychologisch nachzuzeichnen, komme ich nicht ohne Bilder aus. Ein Vertrauen, wie Frère Roger es beschreibt, vermag den inneren Raum zu weiten und zu befreien. Angesichts einer negativen Erfahrung schrumpft unser innerer Raum, zum Beispiel ist da nur noch der Mensch, der mich verletzt hat, und ich, der ich beeinträchtigt und bedroht bin. In diesem engen Raum kann ich nur zurückschlagen oder Opfer sein. Vertrauen weitet den Raum. Der Raum wird durchlässig für die Vergangenheit dessen, der mich verletzt hat. Vielleicht hat sein Verhalten viel stärker mit seiner Geschichte zu tun als mit meiner Person. Vertrauen weitet den Raum in die Zukunft. Vielleicht kann ich vom anderen auch Gutes erwarten. Vertrauen weitet mein Selbsterleben: Ich bin nicht nur der Verletzte, ich finde zu meiner Stärke zurück, wenn ich die Verletzung verschmerzt habe.

Brückenbauer haben eine kontemplative Begabung. Sie können sich tief im Evangelium verwurzeln, sich tief in die Gegenwart Gottes versenken. Diese Verbundenheit wird zu einem reinigenden Feuer, wenn die Zuwendung Gottes stärker fließt als menschliche Enttäuschung, wenn der Trost Gottes die Wunden bedeckt, die eine menschliche Begegnung hinterlässt. In einem Therapieprozess, den ich begleiten durfte, hat sich diese Erfahrung in einer Zeichnung verdichtet:[52]

---

51 Frère Roger (1987): Frère Roger in seinem Tagebuch. S. 75.
52 Abdruck mit freundlicher Erlaubnis des Urhebers.

Das innere Feuer bringt die Seele zur Ruhe und verleiht ihr die Kraft, sich täglich neu zu schenken.

VERTRAUENSSTIFTER FINDEN IM GEHORSAM ZUR FREIHEIT

Vertrauensstifter sehnen sich nach Sicherheit. Sie haben feine Antennen für Gefahren und haben gelernt, wie sie gefährliche Situationen entschärfen. Innerlich und in ihrem äußeren Leben bauen sie eine Stabilität auf, die auch anderen Halt geben kann. Manchmal engen Vertrauensstifter ihr Leben ein, um neue Risiken zu vermeiden. Dann braucht es eine starke, vertrauenswürdige Stimme, die sie aus der Enge herausruft. Wenn Vertrauensstifter ihr gehorchen, beginnt eine Reise, auf der sie die Angst besiegen.

Romano Guardini gehört zu den großen christlichen Denkern des 20. Jahrhunderts. Als katholischer Theologe hat er das kirchliche Leben durchdrungen und Maßstäbe formuliert, die dem Menschen Halt geben, wenn er fragt und Glauben wagt. Bald wurde Guardini auch außerhalb des katholischen Raumes wahrgenommen. An seiner Deutung des Menschen und der Zeit orientierten sich viele. Guardini zeigte, wie sich Denker wie Kierkegaard und Dostojewski, Dichter wie Dante, Hölderlin und Rilke vom christlichen Standpunkt aus befragen lassen. Guardinis Hörsäle füllten sich auch mit kirchenfernen Menschen, sodass er oft vor Hunderten sprach. Auch seine Bücher verbreiteten sich rasch. Unter Guardinis Führung öffneten sich Menschen der Tiefe der eigenen Existenz und der Weite aufrichtigen Fragens. Guardinis Werk fand Anerkennung in ganz Europa, zweimal erhielt er das Bundesverdienstkreuz. Guardini kann für Vertrauensstifter zum Vorbild werden, weil er die Sicherheit seines Urteils auf einem langen Weg errungen hat: Er fügte sich dem täglichen Ruf Gottes.

Von Selbstständigkeit war keine Rede

Romano Guardini wird 1885 in Verona geboren. Der Vater, ein Geflügelgroßhändler, siedelt 1886 mit seiner Familie nach Mainz über. Guardini studiert katholische Theologie und wird 1910 in Mainz zum Priester geweiht. Er arbeitet zunächst als Seelsorger und prägt die katholische Jugendbewegung. 1923 nimmt er eine Professur für Religionsphilosophie und christliche Weltanschauung an. Das führt ihn nach Berlin, wo er auch die Machtentfaltung Hitlers miterlebt. Sein Lehrstuhl wird 1939 von den Nationalsozialisten geschlossen. Danach wirkt Guardini über seine Schriften, bis er 1945 wieder eine Professur erlangt, die er in Tübingen und später in München ausfüllt. Guardini stirbt 1968 in München.

Guardini blickt kritisch auf seine Kindheit zurück: »Die Autorität der Eltern galt absolut und in allem. Man hatte ein guter, artiger, wohlerzogener Junge zu sein. Von Selbstständigkeit war keine Rede. [...] Dabei haben aber, das will ich noch einmal hinzufügen, die Eltern uns sehr geliebt, und wir sie ebenfalls.«[53] Besonders die Abgeschlossenheit der Familie hinterlässt einen starken Eindruck: »In Mainz verkehrte sie [die Mutter], einige

53 Hanna-Barbara Gerl-Falkowitz (2005): Romano Guardini. Konturen des Lebens und Spuren des Denkens. Verlagsgemeinschaft topos plus, Kevelaer, S. 27.

unerlässliche Höflichkeitsbeziehungen ausgenommen, mit niemandem. Sie liebte ihre Kinder leidenschaftlich und wendete sich so ganz ins Haus hinein. Am Sonntag ging sie zur Kirche, werktags zu den notwendigen Besorgungen, im Übrigen lebte sie im Hause. In diesem geschlossenen Bereich hat sie, soviel an ihr lag, auch uns gehalten.«[54] Auch wenn er in den Ferien die Großeltern besuchte, fand Guardini ein ganz ähnliches Klima vor: »Wir gingen dann nur aus einer geschlossenen Welt in die andere; denn das Haus, in welchem die mit Scheu betrachteten Gestalten des Großvaters und der Großmutter herrschten, bedeutete nur einen Wechsel des Ortes und der Dinge, nicht der Lebensführung, die sogar noch strenger war als zu Hause.«[55]

Ein Kind, das von der Außenwelt abgeschirmt wird, wird diese als fremd und bedrohlich wahrnehmen. Zudem kann sich wenig Selbstbewusstsein aufbauen, wenn sich ein Kind widerspruchslos fügen soll. So wurde Guardinis Gefühl von Sicherheit in einer bestimmten Weise geschwächt: Ihm mangelte das Gefühl, aus einer eigenen Autorität heraus der Welt und den Menschen gegenüberzutreten. Dieser Mangel an innerer Sicherheit bestimmte Guardini noch lange und führte manchmal zu Überreaktionen, zum Beispiel in seinem Wirken als Professor: »Das Gefühl der Unzulänglichkeit hat mich auch da noch bedroht, sodass ich jede Art mangelhaften Benehmens bei den Zuhörern als Widerstand empfand und sie – oft sehr scharf – rügte.«[56]

Unsicher und tastend begann Guardini seinen beruflichen Weg. Er brach ein Chemiestudium ab, danach auch ein Studium der Nationalökonomie. Erst in einem Theologiestudium gewann er Gewissheit über seinen Weg. Noch einige Jahre zuvor war Guardini durch eine Glaubenskrise gegangen, in der er sich der Existenz Gottes nicht mehr sicher war. Ein Wort Jesu und eine innere Entscheidung fügten sich zu einer Glaubensgewissheit:

---

54 Ebd., S. 24.
55 Ebd., S. 26.
56 Ebd., S. 202.

»Karl Neundörfer und ich hatten über die Fragen, die uns beide beschäftigten, gesprochen, und mein letztes Wort hatte gelautet: ›Es wird wohl auf den Satz hinauskommen: Wer seine Seele festhält, wird sie verlieren; wer sie aber hergibt, wird sie gewinnen.‹ [...] Da war mir zumute, als ob ich alles – wirklich ›alles‹, mein Dasein – in meinen Händen trüge, wie in einer Waage, die im Gleichgewicht stand: Ich kann sie nach rechts sinken lassen oder nach links. Ich kann meine Seele hergeben oder sie behalten ... Und da habe ich denn die Waage nach rechts sinken lassen. Der Augenblick war ganz still. Da war weder eine Erschütterung noch eine Erleuchtung noch irgend ein Erlebnis. Es war die ganz klare Einsicht: so ist es – und die unmerklich leise Bewegung: so soll es sein! [...] In den nächsten Tagen war ich sehr glücklich, in einem ruhigen und stillen Glück. Ich bin nie ein Mensch großer Erschütterungen gewesen. Die Dinge haben bei mir immer etwas Gehaltenes, um nicht zu sagen Kühles gehabt. So war es auch jetzt.«[57]

Ernst macht, wer die Aufgaben dort sieht, wo sie wirklich sind

Hier zeichnet sich ein geistlicher Weg ab, der für alle Menschen bedeutsam sein mag, für Vertrauensstifter aber in besonderer Weise: Ein Ruf Gottes dringt zu einem Menschen und ruft ihn auf einen ungewissen Weg. Die Tragfähigkeit des Weges kann nur geglaubt werden, erwiesen ist sie im Vornherein nicht. Das Gehen beginnt mit einem vertrauensvollen Gehorsam, führt jedoch zu einer frohen Gewissheit, den richtigen Weg zu gehen. Die Angst mag noch manchmal ein Begleiter sein, sie verliert aber ihre Macht.

Menschen, die einem Ruf folgen, gehen ihren Weg aus einer Notwendigkeit, die ihren Gaben und Aufgaben innewohnt. Der

57 Ebd., S. 41 f.

Ruf Gottes wird sich zuallererst im Alltag hören lassen. Eine frühe Schrift zeigt, wie fern Guardini jedes Haschen nach großen Offenbarungen und außergewöhnlicher Berufung ist. In seinen »Briefen zur Selbstbildung« führt er aus, wie sich Menschen im Gehorsam gegen Gottes Wort formen:

»Wir haben hohe Ziele. Schier die ganze Welt möchten wir besser machen. Die Menschen sollen reiner werden, edler und froher. Bessere Freuden sollen sie haben als bisher, ihre Geselligkeit soll schön werden, ihre Arbeit menschenwürdig. So mancherlei gibt es, was wir gern anders hätten, zuweilen von Grund auf anders. Oft haben wir davon gesprochen, da hat ein helles Bild erneuerten Menschentums vor unserer Seele gestanden. Durch Gottes und des guten Willens Kraft war darin das Böse bezwungen, und der Mensch wirklich zum Kinde Gottes geworden. Mit großer Überzeugung wurde festgestellt, so müsse es werden und so – hat dabei nicht zu Haus auf dem Tisch eine Arbeit gelegen, die gerade jetzt hätte getan werden müssen? [...] ›Ernst machen‹ heißt nicht tönende Worte sprechen und sich in großen Forderungen überbieten. Ernst macht, wer die Aufgaben dort sieht, wo sie wirklich sind: im täglichen Leben, in der nächsten Umgebung; wer diese Aufgaben entschlossen anpackt und Tag für Tag erfüllt.«[58]

Guardini kennt die inneren Kämpfe, die beginnen, sobald einer tut, was er als richtig erkannt hat:

»Und richte dich von Anfang an auf lange Zeit ein. Kleinigkeiten, zum Beispiel irgendeine Unart, kannst du bald wegschaffen. Aber die wirklichen Fehler sitzen so tief im Menschengewächs, dass du Jahre brauchst, um mit ihnen fertigzuwerden. Vielleicht wird es am Anfang sogar schlimmer damit. Solange man die Sache gehen ließ, fühlte man sie gar nicht besonders. Fasst man aber zu, dann gerät in der Seele alles in Bewegung. Gerade das Aufmerken und Kämpfen bringt zuweilen die ganze

58 Romano Guardini (1985 herausgegeben): Briefe über Selbstbildung. Matthias-Grünewald-Verlag, Mainz, S. 47; 56.

Kraft des Fehlers erst recht zum Ausbruch. Da heißt es dann nicht irrewerden und aushalten!

Auf eines möchte ich besonders aufmerksam machen: Es kann sein, man kommt gar nicht voran. Immer wieder die gleichen Fehler, sodass der Mut sinken will. Aber man muss das Menschenwesen kennen. Vielleicht geht es wirklich in dem besonders Vorgenommenen nicht voran, dafür aber in anderem. So ringt etwa einer lange mit seinem Zornmut und wird damit nicht fertig; aber ohne dass er es merkt, wird er gütiger gegen die andern. Gerade, dass er so schwer kämpfen musste und so tief seine Schwäche fühlte, hat ihn dazu gebracht.«[59]

Guardini rang täglich darum, dem zu folgen, was sich ihm als wahr und richtig zeigte. Seine Persönlichkeit gewann einen inneren Halt, an seine Person und sein Urteil lehnten sich viele an. Einer seiner Hörer beschrieb Guardini so:

»Seine Worte sind wie klares, nüchternes Wasser. Wenn Schulz-Dornburg redet, ist es wie Sekt – schäumend, spritzend, prickelnd, berauschend ... Guardini aber gibt ihnen Wahrheit, lautere Wahrheit. [...] Guardini spricht leise und schnell, aber ganz deutlich und klar. Er fügt die Sätze schnell und sicher wie eine kostbare Perlenschnur aneinander. Er spricht Sätze wie ein Dichter, so schön gewachsen, nie eine Phrase, nie ein leeres Wort – immer tief, aber nie kompliziert, immer voll inneren Horchens, ob das Dichtende in ihm die Wahrheit nicht verschleiert, überwuchert. Es liegt ihm nichts daran zu berauschen oder zu überzeugen. Er will, dass die Menschen selbst denken und finden.«[60]

59 Ebd., S. 114; 119 f.
60 Hanna-Barbara Gerl-Falkowitz (2005): Romano Guardini. S. 132 f.

Immer muss er einen Ketzer an seine Brust drücken

Es war die aus der Unsicherheit gewachsene Sicherheit, mit der Guardini das Vertrauen von Menschen weckte. Denn ein anderer Hörer schildert:

»Wenn er ein Problem aufgriff, dessen Beantwortung für ihn selbst noch nicht feststand, das zum großen Teil noch Frage war, lächelte er fast ein bisschen verlegen. Es war ein so charmantes, bezauberndes Lächeln, dass man durchaus die Welle der beglückten Verehrung begriff, die fast sichtbar aus den Reihen des Auditoriums zu ihm emporstieg, wie man es ebenso begriff, dass ernsthafte Berliner Rechtsanwälte diesem Mann widerstandslos verfielen.«[61]

Wenn einer einen inneren Halt aufbaut, kann er Bewegungen wagen, die andere aus dem Gleichgewicht brächten. Guardini wagte sich weit aus der Sicherheit des katholischen Raumes hinaus. Er rang mit allen, die sich existenzielle Fragen stellten und darauf große Antworten fanden. Hierzu ein Zeugnis von Viktor von Weizsäcker, einem der Begründer der psychosomatischen Medizin: »Guardini ist kein Theologe, er ist fast ein Märtyrer der geistigen Versuchungen zu nennen. Immer muss er einen Ketzer an seine Brust drücken und mit ihm ringen, Kierkegaard, Dostojewski, Sokrates.«[62]

Über welche Freiheit Guardini verfügte, zeigt ein Projekt, das er skizzierte, aber nie ausführte:

»Einen Einzigen gibt es, der den Gedanken eingeben könnte, ihn in die Nähe Jesu zu rücken: Buddha. Dieser Mann bildet ein großes Geheimnis. Er steht in einer erschreckenden, fast übermenschlichen Freiheit; zugleich hat er dabei eine Güte, mächtig wie eine Weltkraft. Vielleicht wird Buddha der Letzte sein, mit dem das Christentum sich auseinanderzusetzen hat. Was er christlich bedeutet, hat noch keiner gesagt. Vielleicht hat Chris-

61 Ebd., S. 210.
62 Ebd., S. 203.

tus nicht nur einen Vorläufer aus dem Alten Testament gehabt, Johannes, den letzten Propheten, sondern auch einen aus dem Herzen der antiken Kultur, Sokrates, und einen dritten, der das letzte Wort östlich-religiöser Erkenntnis und Überwindung gesprochen hat, Buddha.[...] Was er mit dem Nirwana gemeint hat, mit dem letzten Erwachen, mit dem Aufhören des Wahns und des Seins, hat christlich wohl noch keiner verstanden und beurteilt. Der das wollte, müsste in der Liebe Christi vollkommen frei geworden, aber zugleich jenem Geheimnisvollen im sechsten Jahrhundert vor der Geburt des Herrn mit tiefer Ehrfurcht verbunden sein.«[63]

Diese Skizze zeigt, wie weit sich ein Mensch ausstrecken kann, wenn er durch täglichen Gehorsam im Wort Gottes verwurzelt ist. Das Bewusstsein einer täglichen Treue erhält Guardini bis ins hohe Alter bei. Krankheit und Alter »richtig zu leben, ist ebenso wichtig, wie das beste Buch zu schreiben«.[64] Als Guardini starb und seine Freunde die Todesanzeige aufsetzten, fanden sie zu einer schlichten Würdigung: »Ein Diener Gottes«[65].

Ich habe versucht, Romano Guardini als einen Menschen zu zeichnen, der zunächst aus einem Mangel an innerer Sicherheit lebte. Er wurde zu einem Wahrheitssucher, der das Erkannte in seinem Leben umsetzte. Auf das, was er über sich selbst erkannte, reagierte er mit Selbstkorrektur, aber auch mit einer kühnen Entfaltung seiner Persönlichkeit. Mit Liebe, Ehrfurcht und Gehorsam antwortete er auf das, was er von Gott erkannte. So gewann er einen Reichtum an innerer Sicherheit, der seinen Weg gerade und überzeugend machte. Andere orientierten sich gerne an Guardini, auch und vielleicht gerade, wenn er sich über altbekannte Wahrheiten hinauswagte.

Die Charakterfamilie der Vertrauensstifter verzweigt sich weit und nicht jeder Vertrauensstifter wird sich im Tempe-

---

63 Ebd., S. 220 f.
64 Ebd., S. 269 f.
65 Ebd., S. 276 f.

rament Guardinis wiederfinden. Aber eine Grunderfahrung scheint mir für alle Vertrauensstifter bedeutsam, nämlich im Gehorsam zur Freiheit zu finden. Dabei habe ich einen Weg vor Augen, der folgende Etappen hat:

- *Auf eine vertrauenswürdige, starke Stimme hören.* Manche lauschen ihr direkt in der Bibel. Andere finden sie in einer geistlichen Intuition, die sie im Gespräch mit lebenserfahrenen Menschen prüfen. Andere hören auf die Autorität eines geistlichen Lehrers. Doch es gibt auch die Gewissensstimme, die dazu aufruft, das Richtige zu tun. Und es gibt die Stimme der Menschlichkeit, die Hilfsbereitschaft, Aufrichtigkeit und Versöhnung fordert.

- *Gehorchen.* Wer etwas als richtig erkannt hat, kann zunächst kleine Schritte gehen und wird später entschlossene Schritte wagen. Dabei muss er mit den Tricks der eigenen Angst rechnen und diese durchschauen. Sie sucht Ausflüchte und Ausnahmen, wenn der richtige Weg etwas kostet. Sie zweifelt an, was einem klar geworden ist. Wo die Angst nicht überzeugen kann, verleitet sie dazu, das Richtige aufzuschieben und später zu tun in der listigen Annahme, dass es immer ein Später gibt. Doch Gehorsam findet unverzüglich zum nächsten Schritt.

- *In die Freiheit finden.* Jede Freiheit bezahlen wir mit Angst: das erste Radfahren ohne Stützräder, die erste Liebe, die erste Reise, eigene Entscheidungen, die ein Risiko beinhalten. Doch auf dem Weg des Gehorsams wächst die Liebe und sie wird größer als die Angst.

FREUDENBOTEN FINDEN IM LEID EINE TÜR ZUR FREUDE

Freudenboten wuchern mit einem Pfund, das ihnen ihre Lebensgeschichte geschenkt hat: das Vermögen, sich selbst und andere in eine gute Stimmung zu versetzen. Sie eignen sich die Lebenskunst des Genießens an. Sie umgeben sich oft mit Schönem. Häufig schaffen sie die Grundlage für ein glückliches Leben, indem sie ausdauernd arbeiten. Freudenboten fürchten den Schmerz, der leidvollen Erfahrungen innewohnt. Lieber schenken sie Freude, als Leid zu teilen. Hier beginnt die geistliche Reise von Freudenboten. Gott ruft sie auf einen Weg, der ihren Charakter verwandelt. Er lädt Freudenboten ein, sich um seinetwillen vom Leid berühren zu lassen und dem Schmerz standzuhalten, bis er sich in Freude wandelt.

In seiner und in unserer Zeit löst Franz von Assisi eine Faszination aus: Er legt alles ab, woran sich Menschen festhalten: behagliche Kleidung, ein Heim, materielle Sicherheit, Ansehen und familiäre Bindung. Franziskus stellt sich nackt vor seinen Gott, der ihn nun kleiden, ernähren und ihm ein neues Glück schenken muss. Franziskus gewinnt eine königliche Freiheit. Er tut, was ihm sein Glaube aufs Herz legt. Er gewinnt eine Freude und Ausstrahlung, die Menschen auf seinen Weg zieht. Bald entsteht eine Gemeinschaft von Männern, die sich zu einem gemeinsamen Leben verpflichten, in Mittellosigkeit, im Dienst an Gott und den Armen. Über Jahrhunderte hinweg kommt die Kirche auf den Impuls von Franz von Assisi zurück, besonders in Zeiten, in denen die soziale Not zunimmt.[66]

Ein Leben der Leidverdrängung

Was fasziniert uns an Franz von Assisi, dass wir die Erinnerung an ihn über 800 Jahre hinweg wachhalten? Ist es der gesellschaftskritische Impuls, den ein Reicher gibt, wenn er sich auf die Seite der Armen schlägt? Ist es das Beispiel einer radikalen Jesus-Nachfolge, die sich aller Bindungen entledigt, um ganz frei für den Herrn zu sein? Mir liegt eine psychologische Erklärung näher: Franziskus hat sich von einer Angst befreit, die uns in den Knochen steckt und die uns entgegentritt, sobald wir Nachrichten lesen: die Angst vor dem Leid. Das scheint mir die Faszination auszumachen, die das Leben von Franziskus auf uns ausübt. An seinem Beispiel will ich zeigen, wie Menschen im Leid eine Tür zur Freude finden.

Franz von Assisi wird 1181 oder 1182 in Assisi geboren, einer Stadt, die im italienischen Umbrien liegt. Sein Vater ist als Tuchhändler reich geworden und hat auch politischen Einfluss in der Stadt. Franz wendet sich radikal dem Glauben zu und kommt in Konflikt mit seinem Vater, weil er dessen Geld für Arme ausgibt und für den Aufbau verfallener Kirchen. Schließlich führt der Vater einen Prozess gegen Franz, dem der örtliche Bischof vorsteht. Dort sagt sich Franz vom Vater und dessen Besitz los. Zeichenhaft legt Franz seine Kleider ab, die aus dem Vermögen des Vaters stammen. Nackt beginnt er ein neues Leben. Danach bettelt Franziskus, predigt und erprobt ein geist-

66 Vgl. Veit-Jakobus Dietrich (1995): Franz von Assisi. Rowohlt Verlag, Reinbeck bei Hamburg.

liches Leben, dem sich bald andere Männer anschließen – die Anfänge des Franziskanerordens, der bis heute besteht. 1219 schließt sich Franz einem Kreuzfahrerheer an. In Ägypten geht er in ein muslimisches Lager und predigt dem Sultan al-Kamil. Natürlich kann Franziskus die bevorstehende Schlacht nicht verhindern, doch der Sultan zeigt sich beeindruckt und schenkt Franziskus ein Signalhorn. Nach dieser Reise erkrankt Franziskus und überträgt die Leitung des Ordens einem Nachfolger. 1226 stirbt er im Kreis seiner Brüder.

Der junge Franz von Assisi weiß das Leben von seiner leichten Seite zu nehmen: »Die Zeit vor seiner Lebenswende beschreibt er kurz und bündig mit der Feststellung, er habe sich damals geweigert, Aussätzige, ja vielleicht insgesamt die Schattenseiten des Lebens, Krankheit, Armut und Tod, genauer anzusehen, näher an sich heranzulassen. Er führt ein Leben der Leidverdrängung oder, positiv gewendet, ein Leben der Zufriedenheit, des Genusses, der Freude.«[67]

So der Biograf Veit-Jakobus Dietrich, der auch den Lebensstil von Franz rekonstruiert: »Mit Geld geht er großzügig um und macht sich dadurch Freunde. Er sammelt eine Clique um sich und wird ihr Anführer. Er versucht sich als Spielmann nach dem Vorbild der Troubadoure aus dem Languedoc und der Provence, zieht mit seinen Freunden durch die abendlichen Straßen der Stadt, tanzt auf einem Platz, singt und spielt dann unter dem Balkon einer angebeteten Dame eine nächtliche Serenade.«[68]

Franz ist 20 Jahre alt und ein erfolgreicher Kaufmann, als sich plötzlich ein Bewusstsein von Leid in seiner Seele einnistet:

»Im Rückblick wird für Franziskus ein Ereignis zum Schlüsselerlebnis: der Umgang mit Aussätzigen. [...] Dabei macht Franz eine tiefe Entdeckung: In dem Moment, in welchem er, der vom Schicksal Begünstigte, das Leid in der Welt nicht mehr totschweigt, verliert die Schattenseite des Lebens ihre Schrecken,

67 Ebd., S. 38.
68 Ebd., S. 41.

sie gewinnt für ihn sogar Süßigkeit. Die neue, außergewöhnliche Erfahrung ist schwer zu bewältigen. Franz braucht Zeit und entzieht sich seinen bisherigen Pflichten vollständig. Er hält inne und verlässt die gewohnte Welt. [...] Anschaulich berichten die Legenden seine veränderte Einstellung zum Aussatz. Vor seiner Umkehr reitet Franz im Galopp an den Unterkünften der Ausgestoßenen vorbei, wendet den Blick ab und hält sich die Nase zu, um weder den Anblick noch den Geruch der Kranken ertragen zu müssen. Eines Tages aber, als ihm zufällig ein Aussätziger begegnet, hält er an, steigt vom Pferd, küsst dem Kranken die Hand, was man sonst nur bei Adligen tut, gibt ihm ein Almosen. Dann sucht er bewusst die Aussätzigenheime auf, küsst die Kranken und schenkt ihnen Geld.«[69]

Franziskus erkennt nun auch Christus als den Leidenden. Er lässt sich von einem Bild des Gekreuzigten berühren, das er in der Kapelle von San Damiano sieht. Ein Zeitgenosse berichtet, welche Wirkung es auf ihn hatte: »Von dieser Stunde an war sein Herz verwundet und wie aufgelöst im Gedächtnis an das Leiden des Herrn. So trug er, solange er lebte, immer die Wundmale des Herrn Jesus in seinem Herzen.«[70]

In der Armut vollkommene Freude

Wir wollen einen Moment stutzen: Wie ist eine solche Entwicklung möglich? Hat Franziskus mit seiner Kaufmannskleidung auch seinen Charakter abgelegt? Ist er nicht nur in die Mönchskutte, sondern auch in eine andere Persönlichkeit geschlüpft? Oder wie soll man es auffassen, wenn sich ein Lebemann dem Leid zuwendet? Doch im Leben von Franz zeigen sich nur zwei Seiten derselben charakterlichen Medaille. Gewiss, die Sehnsucht nach Leichtigkeit kann zur Leidvermeidung führen. Doch

69 Ebd., S. 42 f.
70 Ebd., S. 45.

sie hat auch eine aktive, mutige Seite, die andere von Leid befreien will und die sich dem Leid stellt, bis es sich verwandelt.

Franziskus hätte Freudenboten nichts zu sagen, wäre er beim Leid stehen geblieben. Doch was er in der selbst gewählten Armut findet, bezeichnet Franz als »vollkommene Freude«.[71] Er findet Gottes Gegenwart, die er ganz sinnlich und beglückend erlebt. In einer Auslegung des Vaterunsers schreibt Franziskus: »Dein Reich komme: damit du in uns durch die Gnade herrschtest und uns in dein Reich kommen lassest, wo ist die unverhüllte Anschauung deiner selbst, die vollkommene Liebe zu dir, die selige Gemeinschaft mit dir, das ewige Genießen deiner selbst.«[72]

Eine Zeichnung aus unserer Zeit zeigt Franziskus als Spielmann Gottes. Sie stammt von Ernst Alt:[73]

71 Ebd., S. 55.
72 Ebd., S. 59.
73 Mit freundlicher Genehmigung des Urhebers.

Der Zeichnung liegt eine Legende zugrunde, die aus Franziskus' Leben überliefert ist: »Die süßeste Melodie des Geistes, die in ihm glühte, trat in französischen Lauten nach außen, und die Ader göttlichen Flüsterns, die verstohlen sein Ohr aufnahm, brach in französische Jubelworte aus. Dann begleitete er sich wohl zum Scheine selbst auf der Viola, bisweilen nahm er [...] ein Stück Holz von der Erde auf, legte es auf den linken Arm und hielt in der Rechten einen mit einem Faden gespannten Stab. Den zog er über das Holz wie auf einer Viola und sang, die passenden Gesten dazu machend, auf Französisch vom Herrn.«[74]

Bald schlossen sich Franziskus die ersten Anhänger an. Wir müssen uns ihn als Freudenboten vorstellen, der eine Sehnsucht von Menschen ansprach: alles hinter sich lassen, was beschwert, leicht und froh den Weg gehen, auf dem das Herz und das Gewissen rufen. Franziskus baute mit den Seinen verfallene Kirchen auf, schloss Arme in die Gemeinschaft ein und begründete eine Glaubenspraxis, der sich noch heute Menschen anschließen.

Dabei sollten wir uns vor einem Missverständnis hüten: Im Leid an sich liegt kein Wert. Armut selbst ist bitter, Mittellosigkeit würgt Menschen und bringt sie ums Leben. Schmerz zerrüttet die Seele, Krankheit fesselt den Leib und beraubt die Seele der Möglichkeit, sich schöpferisch durch ihn auszudrücken. Gäbe es nicht den, der Armen seine Fürsorge verspricht, Leidenden Trost und Kranken Linderung, täten wir gut daran, vor dem Leid zu fliehen. Erst die Verbindung mit Gott verbürgt, im Leiden eine Tür zur Freude zu finden. Wer einen Leidenden mitfühlend berührt, für den öffnet sich der Himmel. Wer sein Leiden in ein Gebet fasst, dem öffnet sich ein unsichtbarer Spalt, durch den eine Berührung Gottes dringt: manchmal eine Hand, die festhält, manchmal ein Arm, der Geborgenheit schenkt, zuweilen Lippen, die ungeahnte Wonne schenken.

74 Veit-Jakobus Dietrich (1995): Franz von Assisi. S. 54.

FREIHEITSKÄMPFER ENTDECKEN SCHWÄCHE ALS STÄRKE

Freiheitskämpfer haben ein Gespür für Machtmissbrauch, in welchem Gewand er sich auch zeigt. Sie halten einen kritischen Abstand zu Autoritäten, die sich oft auf Kosten Schwächerer behaupten. Freiheitskämpfer setzen auf die eigene Stärke. Sie eignen sich Fähigkeiten an, die Respekt und Einfluss bringen. Damit stehen wir am Ausgangspunkt eines geistlichen Weges, auf dem sich ihre Stärke mit Gottes Macht verbinden kann. Zugleich finden Freiheitskämpfer auch ein Zuhause für ihre Schwäche.

Martin Luther King predigte die Feindesliebe und zwang seine Feinde in die Knie. Er stellte ein Heer Gewaltloser auf und schliff die Festung des Rassismus. Martin Luther King führte den Schwachen ihre Stärke vor Augen und den Starken ihre Schwäche. Am Abend vor seiner Ermordung hielt er eine Rede, in der er auf seinen Lebensweg blickte: »Ich möchte nur Gottes Willen tun. Er hat mir erlaubt, auf den Berg zu steigen. Und ich habe hinübergesehen. Ich habe das Gelobte Land gesehen. Vielleicht gelange ich nicht dorthin mit euch. Aber ihr sollt heute Abend wissen, dass wir, als ein Volk, in das Gelobte Land gelangen werden. Und deshalb bin ich glücklich heute Abend. Ich mache mir keine Sorgen wegen irgendetwas. Ich fürchte niemanden. Meine Augen haben die Herrlichkeit des kommenden Herrn gesehen.«[75]

Martin Luther King lebte eine barmherzige Stärke und eine machtbewusste Schwäche. An seinem Beispiel will ich zeigen, wie sich das Machtbewusstsein von Freiheitskämpfern von Gott verwandeln lässt.

Die Herausforderung bestärkt mich

Martin Luther King wird 1929 in Atlanta geboren, im US-amerikanischen Bundesstaat Georgia. Sein Vater hat sich vom Tagelöhner zum protestantischen Pastor hochgearbeitet. Für den heranwachsenden Martin Luther gehört die Rassendiskriminierung zum Alltag. Mit 14 Jahren schickt ihn ein weißer Busfahrer in den hinteren Teil des Fahrzeugs, wo er als »schwarzer Hurensohn« zu sitzen habe. Dort steht er mehrere Stunden, obwohl im Bereich für Weiße noch Sitzplätze frei sind. Mit 21 Jahren löst King eine Verbindung zu einer weißen Frau, zu groß wird der Druck in einem Land, in dem die Mischehe in den meisten Bundesstaaten verboten ist. Martin Luther King studiert Theologie und wird zum baptistischen Pastor ordiniert, 1948, im Todesjahr Gandhis. King stellt sich an die Spitze des schwarzen Widerstands, der die Rassendiskriminierung zu überwinden sucht, die gesetzlich festgeschrieben ist. Sein gewaltloser Widerstand erreicht spektakuläre Erfolge. So stellt sich die rassistische Hochburg Birmingham Protesten mit brutaler Polizeigewalt entgegen. Doch muss die Stadtverwaltung nachgeben, als sich Präsident Kennedy auf Kings Seite stellt. Neben vielen anderen Auszeichnungen nimmt King auch den Friedensnobel-

---

75 Hans-Eckehard Bahr (2004): Martin Luther King. Für ein anderes Amerika. Aufbau Taschenbuch Verlag, Berlin, S. 138.

preis entgegen. King setzt sich auch gegen den Vietnamkrieg und gegen soziale Ungleichheit ein. 1968 wird er ermordet.

Hans-Eckehard Bahr, Professor für praktische Theologie, Friedens- und Konfliktforscher, war von 1966 an Mitarbeiter von Martin Luther King. 2004 veröffentlichte er eine Biografie über ihn. Dort beschreibt er, wie Martin Luther King aufwuchs. Sein Vater, »ein machtvoller schwarzer Patriarch, redete seinem Lieblingssohn bis zum Schluss bei allen Entscheidungen rein«[76]. Martin Luther baut früh intellektuelle und rhetorische Stärke auf, er beweist auch seine körperliche Stärke als Football-Spieler und Boxer. Seine Erfahrungen lassen ihn zu einem Kämpfer werden, wie seine spätere Überzeugung zeigt: »Viele Leute sind überrascht, wenn sie erfahren, dass ich ein Optimist bin. Sie wissen, wie oft ich ins Gefängnis geworfen wurde, wie oft meine Tage und Nächte mit Enttäuschung und Sorge angefüllt waren, wie verbissen und gefährlich meine Feinde sind. Sie erwarten, dass diese Erfahrungen mich zu einem grimmigen und verzweifelten Menschen machen. Sie begreifen nicht das Gefühl der Bestärkung, das erzeugt wird durch die Herausforderung, den Kampf aufzunehmen und die Hindernisse zu überwinden.«[77]

King blickt seine Gegner auf Augenhöhe an. Er sieht ihre Ängste und ihren Überlebenskampf. Daher fühlt er sich weder unterlegen, noch muss er seine Gegner erniedrigen. King sucht das Gespräch mit denen, die ihn durch Steine, Messerstiche und Schüsse verletzen. »Der Stein, den der Mann geworfen hat, ist ein Telefongespräch mit mir, das nicht durchgekommen ist, eine missratene Kontaktaufnahme.«[78] King will von seinen Gegnern lernen: »Denn aus seiner [des Gegners] Sicht heraus vermögen wir tatsächlich die grundlegenden Schwächen unserer eigenen Stellung zu erkennen, und wenn wir reif sind, können wir aus

76 Ebd., S. 39.
77 Ebd., S. 53.
78 Ebd., S. 16.

der Weisheit der Brüder, die Gegner genannt werden, lernen, an ihr wachsen und von ihr profitieren.«[79]

Ich schaffe es allein nicht mehr

King schöpft aus einer Stärke, die in seinem Glauben an sich, an Gott und das Gute im Menschen lebt. Zur Schlüsselerfahrung wird ihm aber, wie Gott seiner Schwäche begegnet:

»Eines Abends Ende Januar 1956 – zwei Monate nach Beginn des Busboykotts in Montgomery – ging ich nach einem anstrengenden Tag erst spät zu Bett. Coretta schlief schon. Als ich gerade am Einschlafen war, läutete das Telefon. Eine wütende Stimme rief: ›Höre, Nigger, wir werden uns an dir rächen. Noch in dieser Woche wirst du es bereuen, dass du nach Montgomery gekommen bist.‹ Ich hängte ab, aber ich konnte nicht schlafen. Es war mir, als bräche alle Angst der letzten Wochen auf einmal über mich herein. Ich war am Ende meiner Kraft. Ich stand wieder auf und lief im Korridor auf und ab. Schließlich ging ich in die Küche und machte mir eine Tasse Kaffee. Ich wollte den Kampf aufgeben. Ohne den Kaffee anzurühren, saß ich am Küchentisch und grübelte darüber nach, wie ich von der Bildfläche verschwinden könnte, ohne als Feigling zu erscheinen. In diesem Zustand äußerster Erschöpfung und völliger Mutlosigkeit betete ich laut. Die Worte in dieser mitternächtlichen Stunde sind mir noch in lebendiger Erinnerung: ›Herr, ich glaube, dass ich für eine gerechte Sache kämpfe. Aber jetzt habe ich Angst. Die Leute sehen auf mich als ihren Führer, und wenn ich so ohne Kraft und Mut vor ihnen stehe, werden sie auch wankend werden. Ich kann nicht mehr weiter. Ich habe den Punkt erreicht, wo ich es allein nicht mehr schaffe.‹ In diesem Augenblick erlebte ich die Gegenwart Gottes wie nie zuvor. Mir war, als hörte ich eine innere Stimme, die mir Mut zusprach: ›Stehe auf für

79 Ebd., S. 146.

die Gerechtigkeit! Stehe auf für die Wahrheit! Und Gott wird immer an deiner Seite sein!‹ Fast augenblicklich waren meine Ängste dahin. Meine Unsicherheit verschwand. Ich war bereit, allem ins Auge zu sehen.«[80]

Dieses Erlebnis bestärkte King darin, an der Gerechtigkeit festzuhalten. Gleichzeitig führte es ihn zu einer inneren Freiheit: »Ich weiß aus eigener Erfahrung, dass ich in Montgomery ängstlicher war, als ich ein Gewehr im Hause hatte. [...] Als ich zu der Ansicht kam, als Vertreter eines gewaltfreien Umgangs mit Menschen könnte ich keine Bewaffnung, kein Gewehr mehr besitzen, musste ich mich direkt mit dem Problem meines Sterbens auseinandersetzen. Ich tat es, und von da an brauchte ich kein Gewehr mehr, ich hatte auch nur noch selten Angst.«[81]

Auf seinem Weg mit Jesus reift King zu einer Persönlichkeit, die die verwundbare Macht Jesu verkörpert:

»Wir werden eure Fähigkeit, uns Leid zuzufügen, durch unsere Fähigkeit, Leid zu ertragen, wettmachen. Wir werden eurer physischen Kraft mit Seelenkraft begegnen. Tut uns an, was ihr wollt, wir wollen euch trotzdem lieben. Wir können nicht mit gutem Gewissen euren ungerechten Gesetzen gehorchen und dem ungerechten System treu bleiben, denn Nichtzusammenarbeit mit dem Bösen ist genauso eine moralische Pflicht wie Zusammenarbeit mit dem Guten, also werft uns ins Gefängnis, und wir wollen euch trotzdem lieben. Bombardiert unsere Häuser und bedroht unsere Kinder, und wir wollen euch, so schwer es auch ist, trotzdem lieben. Schickt eure vermummten Gewaltverbrecher zu mitternächtlicher Stunde in unsere Gemeinden, schleppt uns hinaus in eine abgelegene Straße und lasst uns halb totgeschlagen liegen, und wir wollen euch trotzdem lieben. Schickt eure Propagandaagenten im Land herum und erweckt den Anschein, als wären wir kulturell und auch sonst nicht tauglich für die Integration, und wir wollen euch trotzdem lieben.

80 Ebd., S. 52 f.
81 Ebd., S. 59.

Aber seid versichert, dass wir euch durch unsere Leidensfähigkeit aufreiben werden, und eines Tages werden wir unsere Freiheit erobern. Wir werden sie nicht nur für uns selbst erobern, wir werden so sehr an euer Herz und Gewissen appellieren, dass wir euch in dem Prozess gewinnen, und unser Sieg wird ein doppelter Sieg sein.«[82]

Kings Leben hat eine menschliche und spirituelle Strahlkraft, die es nicht leicht macht, nun wieder zu charakterlichen Fragen zurückzukehren. Dennoch will ich auch dieses Kapitel abrunden, indem ich die Entwicklung von Martin Luther King betrachte. Zunächst hat sich Kings Stärke vervielfacht, als er sie in den Dienst einer höheren Sache stellte. Nicht mehr Selbstverteidigung, der Aufbau von persönlichem Einfluss trieb ihn an, sondern der Kampf für eine Sache, bei dem er sich der Rückenstärkung Gottes sicher war. Moralischer Zweifel schwächt, so verdrängt er auch sein mag. Moralische Gewissheit verleiht eine Stärke, deren Glaube sich nie erschöpft und deren Hoffnung auf ein gutes Ende Opfer ermöglicht. Dennoch musste King eine Antwort auf seine Schwäche finden. Immer wieder traf er auf die Versuchung, der Gewalt zuzustimmen und seine Gegner einzuschüchtern. Er traf auf die Versuchung, mit den Mächtigen Kompromisse zu schließen. Doch im Glauben erschloss sich King ein Geheimnis: In Gott findet er eine Schutzmacht, die ein gutes Ende garantiert. Gott verbürgt eine Macht, die den Erniedrigten Ehre schenkt, den Verwundeten wieder aufrichtet und die selbst dem Tod nicht das letzte Wort überlässt. Diese beschützende Autorität Gottes beweist sich im Leben Martin Luther Kings. Sie hat King eine Freiheit geschenkt, durch die er seine Kämpfe und die Herzen mancher Gegner gewann.

---

82 Vgl. Hans-Eckehard Bahr (2004): Martin Luther King. Für ein anderes Amerika. Aufbau Taschenbuch Verlag, Berlin, S. 131 ff.

FRIEDENSSTIFTER FINDEN EINE ENERGIEQUELLE

Friedensstifter bewahren ihr inneres Gleichgewicht, indem sie nicht zu viel von sich und dem Leben erwarten. Sie gehen gelassen ihren Weg, offen für das Gute, das ihnen begegnen mag. Sie scheuen Vorurteile und zwischenmenschliche Spannungen. Dadurch kühlen sie Hitzköpfe ab und versöhnen Gegensätze. Friedensstifter kommen mit fast allen Menschen aus und fügen sich in beinahe jede Gemeinschaft ein. Weil sie sich bescheidene Ziele setzen, können sie anderen auf ihrem Weg folgen. Je nachdem, mit welchen Menschen sie unterwegs sind, riskieren sie, vom eigenen Weg abzukommen.

So lässt sich der Ausgangspunkt beschreiben, an dem Friedensstifter stehen. Wenn sie sich zu einer geistlichen Reise aufmachen, finden sie eine Energiequelle, die sie in Bewegung bringt. Gewiss werden sie weiter auf andere zugehen, sich anschließen, einen Weg gemeinsam gehen. Aber sie spüren eine Kraft in sich, die einem Ziel zustrebt, das ihrem eigenen Wesen entspringt. Anders gesagt: Sie finden ihre Berufung, ihren Beitrag, auf den es ankommt, das, was Gott der Welt durch sie geben will.

Immer die Ruhe und ein Lächeln

Der Priester Angelo Roncalli wird von seinen Zeitgenossen unterschätzt in seinen abschweifenden Plaudereien, seiner wahllosen Freundlichkeit und seiner Harmlosigkeit. Roncalli sucht keinen Anschluss an die intellektuelle Strenge seiner Kirche, auch nicht an ihre moralische Autorität. Dennoch geht er einen Weg, der ihn schließlich zum höchsten Hirtenamt führt, als Papst Johannes XXIII. In seiner kurzen Amtszeit, nicht einmal fünf Jahre, verändert er das Gesicht der katholischen Kirche. Er stößt das Zweite Vatikanische Konzil an, das der Kirche das Herz öffnet: für andere Konfessionen, für alle Menschen, die zum Guten beitragen. Nicht aufgeben soll sich der Katholizismus, aber gesprächsbereit werden. Er soll einladend sein, fähig zu Begegnungen und zur Zusammenarbeit mit allen, die zum Frieden beitragen und den leidenden Menschen im Blick haben. Papst Johannes XXIII. verhält sich auch gegenüber dem russischen Kommunismus gesprächsbereit. Er gewinnt das Vertrauen Chruschtschows und vermittelt während der Kuba-Krise 1962 zwischen Moskau und Washington, als die Welt kurz vor einem Atomkrieg steht.[83] Der Lebensweg des Papstes kann zum Vorbild werden besonders für die, die sich im Bild der Friedensstifter wiederfinden.

Angelo Guiseppe Roncalli wird 1881 in Sotto il Monte, Norditalien, geboren. Mit zwölf Geschwistern wächst er in einer gläubigen Bauernfamilie auf. 1901 beginnt er ein Theologiestudium in Rom und wird dort zum Priester geweiht. Der Vatikan vertraut Roncalli viele Aufgaben an, besonders diplomatische. Roncalli zeigt dabei viel Fingerspitzengefühl. Er bringt die Sache des Glaubens voran, ohne unnötige Fronten zu schaffen. So wächst ihm immer mehr Verantwortung zu: 1924 eine Professur an der päpstlichen Universität, 1925 das Bischofsamt, 1953

83 Vgl. Christian Feldmann (2006): Johannes XXIII. Der gütige Prophet. Herder Verlag, Freiburg, S. 121 ff.

das Kardinalsamt. Schließlich wird er 1958 zum Papst gewählt und füllt dieses Amt bis zu seinem Tod 1961 aus.[84]

Die Lebensumstände geben dem jungen Roncalli nicht das Gefühl, einen besonderen Auftrag zu haben. Knappe Mittel und Anstrengung prägen das Leben der Bauernfamilie. Roncalli läuft mit den vielen Geschwistern mit, er ist ein durchschnittlicher Schüler mit Problemen in Mathematik und Latein. Roncallis Berufswunsch kann seinen Vater nicht begeistern: »Er ist der Sohn eines armen Bauern, er wird ein armer Priester werden.«[85] Doch Roncalli lässt sich von einem Wind erfassen, der ihn sein Leben lang vorwärtsbringen wird. Zunächst findet er einen Mentor, der ihn einen ganzen Sommer lang auf das Knabenseminar in Bergamo vorbereitet. Unter diesem Zutrauen und dieser Führung wächst das Selbstbewusstsein von Roncalli, der Glaube an seine Fähigkeiten und seine Bedeutung. Nun zeigt Roncalli seine intellektuelle Begabung und legt sich eine strenge geistliche Disziplin auf, einen Tageslauf mit festen Zeiten für Andacht, Studium, Schweigen und Gewissenserforschung.

In Roncallis Leben finden wir Ausgangspunkte, die für den Weg von Friedensstiftern charakteristisch sind: zum einen eine Familienkonstellation, die es schwer macht, an die Wichtigkeit der eigenen Person zu glauben; zum anderen die Fähigkeit, sich von der Energie einer überzeugenden Persönlichkeit in Bewegung bringen zu lassen. Wie sich der Student Roncalli auch von negativer Energie füllen ließ, mögen zwei Beispiele zeigen. Im Priesterseminar ließ sich Roncalli von einer ängstlichen Scheu anstecken, die gegenüber Frauen herrschte. In sein Tagebuch schreibt er: »Man soll ihnen gegenüber auch die kleinste Vertraulichkeit meiden, die in irgendeiner Weise gefährlich und verdächtig sein könnte.«[86] Roncalli – der sich später mit einer Feministin anfreundet und schlagfertig mit sexuellen Themen umgehen wird.

---

84 Ebd., S. 142.
85 Ebd., S. 16.
86 Ebd., S. 18.

Als 21-Jähriger begegnet Roncalli einem jungen Protestanten, der zur katholischen Kirche übertreten will oder, wie Roncalli in seinem Tagebuch festhält, der sich von der Lehre der »Irrgläubigen« trennen will. Weiter schreibt er: »Es genügt, ein paar Stunden mit einem Protestanten zusammen zu sein, um den Wert des wahren Bekenntnisses zu erkennen und die Gefahr, die unserem Glauben in Italien aus dem Hinterhalt von den Sekten her droht.«[87] Roncalli – der später Delegierte aller Konfessionen zum Vatikanischen Konzil laden wird. Bald zieht Roncallis Leben weitere Bahnen. Doch zunächst möchte ich noch zeigen, wie nah Roncalli das Lebensgefühl der Friedensstifter ist:

»Manchmal kommt im Leben etwas Wind auf. Was für eine schöne Sache ist es, ihn vorbeigehen zu lassen und geschützt zu stehen! Manchmal bricht auch etwas Feuer aus, und es gibt dann solche, die sich erhitzen und weiter- und weitermachen und Gefahr laufen, den Kopf zu verlieren. Wie schön, wenn man sich immer liebenswürdig und duldsam verhält und immer die Ruhe und ein Lächeln bewahrt! Vor allem muss man verzeihen können, die Dinge von der besten Seite nehmen und Frieden bringen.«[88]

Roncalli lebt einige Jahre als päpstlicher Abgesandter in Paris. Dort trifft er den Außenminister Robert Schumann, der Roncalli so beschreibt: »Er ist der einzige Mann in Paris, in dessen Gesellschaft man die physische Empfindung von Frieden hat.«[89] Seine diplomatische Tätigkeit fasst Roncalli so zusammen: »Die Vorsehung hat mich mit Menschen anderer Religionen und Ideologien zusammengeführt, hat mich mit den akuten, drohenden sozialen Problemen in Berührung gebracht und mir die Ruhe und das Gleichgewicht für ihre Erforschung und Würdigung bewahrt. Bei aller Unerschütterlichkeit des Glau-

---

87 Ebd., S. 111.

88 Aus einem Brief an die Nichte Enrica vom 16.3.1943. Zitiert nach: Christian Feldmann (2006): Johannes XXIII. S. 133.

89 Christian Feldmann (2006): Johannes XXIII. S. 57.

bensbekenntnisses und der Moral habe ich mich immer mehr um das Einigende als um das Trennende und Gegensätzliche gekümmert.«[90]

Als Papst besucht Roncalli einen Kriegsgefangenen. Von ihm wird er so beschrieben: »Der untersetzte Mann, von italienischer Behändigkeit, verbreitete eine seltsame Atmosphäre von Zuversicht, heiterer Laune, schalkhafter Innigkeit und greifbarem Erbarmen um sich. Leutselig bis zur Selbstvergessenheit, wirkte er wie das liebenswürdige Gegenteil eines kantigen Asketen, obgleich seine natürliche Frömmigkeit alles bewegte.«[91]

Entspannung und Befriedung, so mag man charakterisieren, was von Roncalli ausging.

Eng an deinem Herzen, im gleichen Pulsschlag mit dir

Allein mit dem Naturell des Friedensstifters hätte Roncalli scheitern können. Zu zahlreich waren die Gegner, die sich gegen die Kirche stellten. Zu verhärtet die Fronten im Vatikan. Guter Wille allein hätte nicht weit geführt. Doch Roncalli findet eine Kraftquelle, die ihn Widerstände überwinden und den nötigen Einfluss gewinnen lässt. Bald zeigt sich an ihm eine Seite, die sich kaum vereinbaren lässt mit dem Bild, das man von ihm hat. Der Biograf Christian Feldmann beschreibt das so:

»Die entscheidende Frage, die den Forschern Kopfzerbrechen bereitet, ist die nach der Kontinuität und den möglichen Brüchen in der persönlichen Entwicklung des späteren Papstes. Ist aus einem angepassten, ängstlich nach den Vorgesetzten schielenden Vatikanbeamten mit engem Denkhorizont und anspruchsloser Frömmigkeit plötzlich, wie durch den Ausbruch eines inneren Vulkans, der Revolutionär auf dem Stuhl Petri geworden? Oder steckt in dem Seelsorgerdiplomaten Roncalli,

90 Ebd., S. 34.
91 Ebd., S. 55.

dessen Güte und Gesprächsbereitschaft von Anfang an keine Grenzen und Tabus kannte, schon der ganze rebellische Johannes XXIII.? Jener freundliche Provokateur, der sich Petrus, Felsenmann, hätte nennen können, weil er die bedächtigen Gegenargumente schüchterner Mitarbeiter ebenso wie das beinharte Beharrungsvermögen kampferprobter Kurienkardinäle mit breitem Lächeln und ein, zwei resoluten Sätzen auszuhebeln verstand?«[92]

Diese scheinbar unvereinbaren Seiten rufen nach einer Interpretation; eine charakterkundliche wäre die: Roncalli hat sich eine Kraftquelle erschlossen, die seinem Leben eine Richtung gibt. Seine Offenheit, seine Gelassenheit, seine Toleranz stellen sich in den Dienst eines Lebenszieles. Dieses Ziel hat sich aus Roncallis Geschichte heraus entwickelt, besonders aus seiner Gottesbeziehung. Die Kraft einer von Gott bejahten Überzeugung wird Roncalli zu einem Motor, der ihn bis zu den letzten Atemzügen in Bewegung hält.

In Briefwechseln und Tagebuchnotizen macht Roncalli sichtbar, welche Kraft ihn treibt:

»An jedem Tag, der vergeht, musst du dir Mut machen: Du musst dich an die Anstrengung gewöhnen, dich über die guten Erfolge freuen, nach besseren streben: aber all das ohne Aufregung, im Gegenteil, mit viel Ruhe und Gelassenheit des Geistes. Mit der Hilfe des Herrn, die du immer anrufen musst. Und wenn du täglich einen Schritt vorwärtsgehst, kannst du sehr weit kommen.«[93]

»Immer frohen Mut, heiteren Sinn und Freiheit des Geistes in allem bewahren. Wenn ich feststelle, dass ich meinen Vorsätzen treu bin, will ich Gott von Herzen preisen, da er alles bewirkt hat; sollte ich fehlen, so will ich durchaus nicht mutlos werden. [...] Auf eine Verfehlung folgt ein Akt tiefer Demut; dann werde

92 Ebd., S. 62 f.

93 An den Neffen Batista am 22.5.1941, zitiert nach: Christian Feldmann (2006): Johannes XXIII. S. 135.

ich frohgemut und immer mit Lachen neu beginnen, als hätte Jesus mich gestreichelt, mir gut zugesprochen und mich mit eigenen Armen wieder aufgerichtet.«[94]

»Man muss es wie die Sterne des Himmels machen: Der Herr ruft sie, einen nach dem anderen, und sie antworten: Hier bin ich. Ich bin bereit. Wenn wir einmal im Gefühl unserer Weihe von uns gelöst sind, erheben wir uns nach und nach immer mehr und gelangen zwar nicht ohne Mühe, aber schnell genug zur Vollkommenheit, die darin besteht, dass der Wille des Herrn in uns völlig geschieht. Es ist der Vorgeschmack des Himmels.«[95]

Als Roncallis Lebensweg beginnt, besitzt er allenfalls eine Ahnung, dass seine Person wichtig und sein Handeln bedeutsam sein könnte. Er ist stets bereit, das Eigene gegen das vermeintlich Bessere zu tauschen. Dieser Mangel an Selbstgefühl verwandelt sich in die Gabe eines gelassenen, entspannten Wesens. Doch Roncalli beginnt bald aus der Fülle eines Selbstgefühls zu schöpfen: dem demütigen Selbstbewusstsein, einem höheren Ziel zu dienen, einem lebendigen Gefühl von Gottes Bejahung, einer Entschlossenheit, den Auftrag Gottes zu erfüllen. Besonders in dieser Hinsicht kann Roncalli zu einem Vorbild werden, das Friedensstiftern eine Richtung weist. Kurz vor seinem 80. Geburtstag macht Roncalli noch einmal ganz deutlich, an welche Kraftquelle er sich angeschlossen hat und auf welche Weise:

»O Jesus, hier stehe ich vor dir, sehe dich um meinetwillen am Kreuz in Qualen hängen und sterben; hier stehe ich, alt und nahe dem Ende meines Dienstes, meines Lebens. Halte mich recht fest und eng an deinem Herzen, im gleichen Pulsschlag mit dir. Ich möchte mich unlöslich an dich gebunden fühlen mit einer goldenen Kette aus zierlichen, feinen Gliedern geflochten.

94 Christian Feldmann (2006): Johannes XXIII. S. 88.

95 An die Nichte Anna am 14.12.1946, zitiert nach: Christian Feldmann (2006): Johannes XXIII. S. 134.

Das erste Glied: die Gerechtigkeit, die mich zwingt, meinen Gott in allem zu finden.

Das zweite Glied: die Vorsehung und die Güte, die meine Schritte leiten.

Das dritte Glied: die Liebe zum Nächsten, unerschöpflich und von unendlicher Geduld.

Das vierte Glied: das Opfer, das mich begleiten muss und das ich zu allen Stunden auskosten will und muss.

Das fünfte Glied: die Glorie, die Jesus mir verspricht für dieses und für das ewige Leben.«[96]

96 Christian Feldmann (2006): Johannes XXIII. S. 138.

Teil III

ANWENDUNGEN FÜR DEINE MENSCHENKENNTNIS

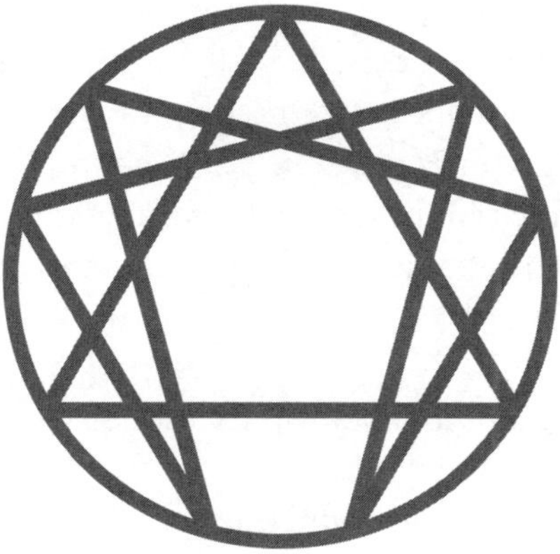

Für den Alltag ist eine Charakterkunde mit neun Typen recht kompliziert. Du musst schon tief einsteigen, um dir alle Typen einzuprägen und sie spontan aus deinem Gedächtnis abzurufen, wenn du aus ihrer Menschenkenntnis schöpfen willst. Für viele wird dieses Buch vermutlich eine Art Studienbuch sein, das sie einmal lesen und später gelegentlich zu Rate ziehen. Doch wir müssen hier nicht stehen bleiben, denn das Enneagramm schenkt uns noch eine Möglichkeit zur Vereinfachung.

Die Enneagramm-Tradition fasst die neun Typen zu drei Gruppen zusammen, den sogenannten Triaden: Bauchtypen, Herztypen und Kopftypen. Diese bestehen aus jeweils drei der neun Enneagramm-Muster. Sie erhellen Gemeinsamkeiten, die jeder Typ mit zwei anderen Typen hat. Gleichzeitig machen sie Unterschiede deutlich, die zu den beiden anderen Dreiergruppen bestehen. Auf diese Weise entsteht ein einfacher Ansatz für unsere Menschenkenntnis, der doch erstaunlich in die Tiefe geht. Die amerikanische Enneagramm-Expertin Suzanne Zuercher hat die Arbeit mit den Triaden auf virtuose Weise weiterentwickelt. Als Benediktiner-Ordensschwester lag ihr die geistliche Begleitung von Menschen am Herzen. An ihrem Ansatz orientiere ich mich in diesem Teil und füge ihn in das Anliegen dieses Buches ein: Wie können wir »wir selbst« sein und anderen damit dienen?

Wenn man die menschlichen Motivationen auf die allergrundlegendsten zurückführt, dann bleiben unser Bedürfnis nach guten Bindungen, unser Bedürfnis nach Sicherheit und unser Bedürfnis nach Selbstbestimmung. Auch unsere Selbstbestimmung ist wichtig, denn was wäre ein Leben, in dem wir zwar geliebt und sicher wären, das wir aber nicht nach unseren eigenen Vorstellungen gestalten könnten? Je nach unseren angeborenen Eigenschaften und frühen Lebenserfahrungen kann eine der drei Grundmotivationen stärker werden als die anderen. Sie wird zu einer Motivation, um die herum sich unsere Persönlichkeit und unser Lebensstil entfalten. Die Tabelle zeigt dir, welche Grundmotivation die Bauch-, Herz- und Kopftypen bewegen und wie jeweils drei Typen auf unterschiedliche Weise zum gleichen Ziel kommen.

BAUCHTYPEN: 3 Wege der Selbstbehauptung	**HERZTYPEN:** 3 Wege, Liebe zu gewinnen	**KOPFTYPEN:** 3 Wege zur Sicherheit
Freiheitskämpfer stark sein; andere besiegen	**Gemeinschaftsstifter** anderen wichtig sein; werben/ schmeicheln	**Brückenbauer** zurückhaltend sein; Nähe vermeiden
Friedensstifter zufrieden sein; andere ignorieren	**Hoffnungsbringer** erfolgreich sein; andere anziehen oder beeindrucken	**Vertrauensstifter** korrekt sein; Fehler vermeiden
Wachstumsbringer perfekt sein; anderen überlegen sein	**Sinneswecker** besonders sein; andere faszinieren	**Freudenboten** flexibel sein; Bindung vermeiden

Die Bauchtypen

Bauchtypen sind vom Motiv der Selbstbehauptung bestimmt. Wer und was auch immer ihnen begegnet, sie grenzen sich instinktiv ab: Was mag ich und was nicht? Was ist gut, was ist schlecht? Sie lassen sich nur ungern von anderen bestimmen. Selbst auf Sachzwänge reagieren sie verteidigungsbereit. Entspannt sind Bauchtypen, wenn sie unabhängig oder anderen überlegen sind. Offensichtlich ist der Instinkt der Selbstbehauptung bei den Freiheitskämpfern. Bei den sanften Friedensstiftern musst du zweimal hinsehen, um ihren Instinkt der Selbstbehauptung zu erkennen. Zwischen ihrer Gleichmütigkeit (ein altes Wort für Ruhe und Gelassenheit) und ihrer Gleichgültigkeit gibt es fließende Übergänge. Versuche einmal, einen Friedensstifter zu vereinnahmen oder zu dominieren! Du wirst hinter seinem Nichtreagieren die Entschlossenheit spüren, sich von dir nicht bestimmen zu lassen. Das Einzige, was einen in der Beziehung zu Friedensstiftern wirklich schmerzen kann, ist, von ihnen ignoriert zu werden – und das geschieht eben in Momenten ihrer sanften, aber entschlossenen Selbstbehauptung. Wachstumsbringer dagegen heben ihren Kampf um Selbstbestimmung auf die Ebene von Werten, Moral und Grundsätzen. Eigentlich macht schon ihre Selbstdisziplin den Gedanken abwegig, andere könnten von ihnen darüber hinaus noch etwas verlangen. Wer das trotzdem tut, trifft nicht selten auf eine Belehrung, ein Plädoyer oder eine kritische Bemerkung – Reaktionen, die eine Botschaft der Überlegenheit in sich tragen: »Wer bist du, dass du mir etwas sagen willst?«

Wenn du zu der Bauch-Triade gehörst, kannst du deinen Instinkt der Selbstbehauptung besonders gut spüren, wenn du in stressige Situationen gerätst. Auch bei anderen kannst du in Stresssituationen am besten erkennen, ob sie sich instinktiv selbst behaupten. Stress bedeutet für Bauchtypen besonders die Gefahr, von anderen bestimmt zu werden, ausgeliefert zu sein oder von der Möglichkeit abgeschnitten zu werden, gut für sich selbst zu sorgen. In entspannten Momenten sind Freiheitskämpfer, Friedensstifter und Wachstumsbringer natürlich auch kooperativ und entgegenkommend.

Die Herztypen

Auch für die Herztypen gilt: Ihr grundlegendes Motiv, Liebe zu gewinnen, können wir in stressigen Situationen klarer erkennen. Für Herztypen entsteht Stress, wenn die positive Verbindung zu anderen Menschen auf dem Spiel steht. Dann drohen Einsamkeit, Verlassenheit, Isolierung und Langeweile. Sie fürchten einen Mangel an Unterstützung, Aufmerksamkeit und Liebe, allesamt Erfahrungen, die noch dazu auf das Selbstwertgefühl schlagen. Am offensichtlichsten setzen sich Gemeinschaftsstifter für gute Bindungen ein. Sie verhalten sich hilfsbereit und opferbereit. Sie sind verständnisvolle Vertraute, verlässliche Unterstützer und wertschätzende Ermutiger für andere. Instinktiv spüren sie, was sie tun müssen, um für einen anderen Menschen wichtig zu sein. Am liebsten wollen sie die Nummer 1 im Leben anderer sein, zum Beispiel als beste Freundin, liebste Kollegin oder wichtigster Geschäftspartner. Hoffnungsträger dagegen wählen einen indirekten Weg, um die Liebe und Bindung zu anderen Menschen zu gewinnen. Sie versuchen, unwiderstehlich attraktiv zu sein. Je nachdem, wo in unserer Gesellschaft sie sich gerade bewegen, kann Attraktivität heißen, erfolgreich zu sein und andere an ihrem Erfolg teilhaben zu lassen. Andere werden als Frau oder als Mann verführerisch attraktiv oder sie erreichen einen hohen Status und teilen ihre Privilegien mit anderen. Wieder andere wohnen beeindruckend schön, bleiben schlank und gesund oder leben auf inspirierende Weise fromm und sozial. Ganz gleich wie sich der erfolgreiche Lebensstil von Hoffnungsträgern ausdrückt, immer beinhaltet er die Botschaft: Binde dich an mich und es wird dein Leben spannend, erfüllt und glücklich machen. Natürlich können sich Hoffnungsträger nicht an all die Menschen binden, die sie beeindrucken. Aber schon die Bereitschaft anderer dazu, die sich in Aufmerksamkeit, Wertschätzung und Bewunderung zeigt, beruhigt sie und steigert ihr Lebensgefühl. Bei den Gemeinschaftsstiftern erkennen wir ihr Motiv, Liebe zu gewinnen, auf den ersten Blick. Bei den Hoffnungsträgern müssen wir ein zweites Mal hinsehen, um hinter ihren Erfolgen das Bedürfnis nach Liebe zu entdecken. Doch bei Sinnesweckern benötigen wir sogar einen dritten Blick. Denn so authentisch, individuell und konventionsvergessen sie sich geben, könnte man glauben, es sei ihnen ganz egal, wie sie bei anderen ankommen. Doch wer sich davon nicht täuschen lässt und sich auf die Wirkung konzentriert, die das Verhalten von Sinnesweckern hat, der merkt schnell: Man muss sie einfach lieb haben. Sie faszinieren und machen neugierig. Sie wecken Lust, an ihrem authentischen Leben teilzuhaben. Wer noch genauer hinsieht, bemerkt hinter der manchmal provozierenden und rücksichtslosen Echtheit einen Beziehungstest: »Wenn du mich SO gut findest, dann finde ich bei dir wahre Liebe und Freundschaft. Dann nimmst du mich an, wie ich wirklich bin.«

Die Kopftypen

Jede Persönlichkeit hat ihren je eigenen Beziehungstest, durch den sie Menschen prüft, vor allem in den ersten Begegnungen. Bei Bauchtypen beinhaltet der Beziehungstest die Frage: Respektierst du mich? Herztypen fragen: Liebst du mich? Oder etwas nüchterner formuliert: Finde ich bei dir Aufmerksamkeit, Unterstützung und Wertschätzung? Kopftypen dagegen prüfen Beziehungen entlang der Frage: Bin ich bei dir sicher? Unter Stress stellt sich ihnen die Frage verschärft: Bin ich vor dir sicher? Ihrem grundlegenden Motiv, sicher zu sein, folgen Kopftypen in drei Varianten. Brückenbauer tun dies vor allem durch Zurückhaltung. Sie wahren einen inneren Abstand zu ihren Aufgaben, zu Menschen und zu allem anderen, von dem ihr Leben abhängt. Immer sind sie bereit loszulassen und sich zurückzuziehen, wenn es ihre Sicherheit erfordert. Das geschieht auch in Beziehungen. Andere spüren ihren inneren Abstand, der die Tiefe und Verbindlichkeit von Beziehungen einschränkt. Doch wer ungeduldig wird und versucht, den inneren Abstand von Brückenbauern zu überwinden, setzt damit nur ein Katz-und-Maus-Spiel von Verfolgung und Rückzug in Gang. Vertrauensstifter teilen mit den Brückenbauern die Angst vor Nähe. Gleichzeitig tragen sie auch die Sehnsucht nach tiefen Beziehungen in sich, denn die geben ja auch Geborgenheit und Sicherheit. Ein Dilemma. Vertrauensstifter bleiben in ihren Beziehungen oft zwiespältig, hin- und hergerissen zwischen Sehnsucht und Furcht. Es gibt viele Möglichkeiten, mit diesem Zwiespalt umzugehen. Man kann sich zum Beispiel Menschen suchen, die sich idealisieren lassen, d. h. man nimmt nur ihre positiven Eigenschaften wahr, was Sicherheit gibt. Oder man sucht sich Menschen, mit denen man sich gemeinsam auf eine feste Grundlage stellen kann, zum Beispiel auf ein Glaubensfundament oder auf ein Privatleben, das man gemeinsam wie eine Schutzburg ausbaut. In den übrigen Unsicherheiten des Lebens setzen Vertrauensstifter auf Korrektheit, Fehlervermeidung und unumstößliche Prinzipien. Freudenboten dagegen suchen ihre Sicherheit darin, dass sie beweglich bleiben. Wenn Plan A nicht funktioniert, dann bleibt Plan B. In ihrer Freizeitgestaltung, ihrem Beruf, aber auch in ihren Beziehungen legen sich Freudenboten nicht fest, damit ihnen immer noch Alternativen bleiben, falls es einmal bedrohlich wird. Wer sie binden oder festlegen will, dem geht es genau wie dem, der den inneren Abstand von Brückenbauern überwinden will, oder dem, der Vertrauensstifter für Wagnisse zu gewinnen sucht: Instinktiv stellen Kopfmenschen ihre Sicherheit über die Möglichkeiten, die sich in ihren Beziehungen und in ihrem Leben ergeben. Sie entziehen sich anderen Menschen, die etwas von ihnen wollen, das bedrohlich erscheint – ganz gleich, wie wichtig ihnen dieser Mensch eigentlich ist.

Mit den Triaden schenkt uns das Enneagramm eine Vereinfachung, die wir uns gut einprägen können und die doch erstaunlich tiefgründig ist. Es gibt die Bauchtypen mit ihrer instinktiven Selbstbehauptung, die Herztypen, die für gute Beziehungen fast alles tun, und schließlich gibt es die Kopftypen, deren unbewusstes Lebensmotto »safety first« heißt. Wo wir es unserem Gehirn einfacher machen – Bauchtypen sind ..., Herztypen sind ... – sollten wir uns zwischendurch erinnern: Unsere charakterliche Prägung hebt unsere Willensfreiheit nicht auf. Wenn wir wollen, können wir auch gegen unseren charakterlichen Instinkt handeln, nur muss dies bewusst geschehen und es kostet zuweilen Selbstüberwindung. Wo Menschen schon Selbsterkenntnis, aber noch keine Freiheit gewonnen haben, beobachten wir manchmal Überreaktionen ins Gegenteil. Zum Beispiel heiraten nicht wenige Freudenboten überstürzt, also die Typen, die sich eigentlich nicht festlegen wollen. Die Logik ihres Verhaltens liegt auf der Hand: Sie bekommen Angst vor ihrer eigenen Bindungsscheu und wollen nicht leer ausgehen, während sich andere ein schönes Leben mit Ehe, Familie und festem Freundeskreis aufbauen. Aus dieser Erkenntnis heraus handeln sie mit Gewalt gegen ihren charakterlichen Instinkt, was manchmal gut geht und manchmal nicht.

EIN EINFACHER WEG ZUR SELBSTERKENNTNIS

Vermutlich hast du dich an dieser Stelle schon erfolgreich zugeordnet – in welchem der neun Enneagrammtypen du dich wiederfindest und damit auch, ob du der Bauch-, Herz- oder Kopftriade angehörst. Dann findest du in den folgenden Abschnitten einige Folgen, die sich aus deiner Selbsterkenntnis ergeben könnten. Vielleicht bist du aber noch unsicher, wie du dich einordnen sollst. Dann lies die folgenden Abschnitte einfach diagnostisch: Versuche zu spüren, welche Beschreibungen und Anregungen dich tiefer ansprechen als andere. Falsch machen kannst du dabei nichts, denn in gewisser Weise stellen sich uns alle charakterlichen Aufgaben, die in diesem Buch beschrieben sind. Nur werden wir manche dieser Aufgaben ohne Mühe bewältigen und andere fordern uns besonders heraus, weil sie mit unserer grundlegenden persönlichen Prägung zu tun haben.

Selbsterkenntnis für Bauchtypen

Bauchtypen reagieren instinktiv auf Situationen und Menschen. Sie sind schnell und sicher in ihren Urteilen. Das gelingt ihnen, weil sie ihre Reaktion nicht durch den Filter des Kopfes laufen lassen. Sie vertrauen ihrem Instinkt und denken nicht lange nach. Auch den Umweg über das Herz ersparen sie sich oft. Sie fragen sich nicht lange, wie ihre Einschätzungen und Entscheidungen auf andere wirken. Das macht sie unabhängig, selbstbestimmt und durchsetzungsstark. Ob sie als Freiheitskämpfer für Gerechtigkeit eintreten, als Friedensstifter Spannungen ausgleichen oder als Wachstumsbringer Verbesserungen anstoßen – sie erfassen neue Situationen schnell und gestalten sie aus ihrem Bauchgefühl heraus.

Bauchtypen führt das Enneagramm vor allem zu dieser Erkenntnis: Ihre Reaktionen sind vom Motiv der Selbstbehauptung bestimmt und daher offen oder unterschwellig aggressiv. Dadurch verwickeln sie sich mit anderen Bauchtypen in Kämpfe, verletzen die feinfühligen Herztypen und erschrecken die vorsichtigen Kopftypen. Das ist für beide Seiten schade. Denn die Aggression erzeugt bei anderen einen Widerstand, der die Leidenschaft und die positiven Impulse von Bauchtypen bremst. Die sanften Friedensstifter müssen allerdings genau hinsehen, um die aggressive Unterströmung in ihrem Leben wahrzunehmen. Denn ihre Aggression drückt sich passiv aus: Sie reagieren einfach nicht auf das, was sie aus der Ruhe oder von ihrem Kurs abbringen könnte, selbst wenn das andere ärgert. »Passiv aggressiv« nennt die Psychologie dieses Verhalten treffend.

Bauchtypen gewinnen sehr, wenn sie ihre instinktiven Reaktionen von Mitgefühl (besonders gegenüber Herztypen) und Geduld (besonders gegenüber Kopftypen) leiten lassen. Auch sich selbst gegenüber fehlen Bauchtypen oft Mitgefühl und Geduld. Mit dem »Friss oder stirb!«, das sie anderen zumuten, setzen sie sich oft selbst unter Druck. Viele Bauchtypen kennen ein Gefühl, zutiefst schlecht zu sein, das sie in dunklen Momenten heimsucht, dann nämlich, wenn sie ihren eigenen Erwartungen und Maßstäben nicht gerecht werden. Sie können aber lernen, ihr inneres Leben immer wieder von der Aggression zur Barmherzigkeit zu führen, von einer kämpferischen Haltung zu einer emotionalen Berührbarkeit, von ihrer inneren Abgrenzung zu Vertrauen und Miteinander. Das bringt ihre Selbstbehauptung nicht in Gefahr, im Gegenteil: Bauchtypen mögen sich zwar durchsetzen, wenn sie andere überfahren oder deren Einfluss abschütteln, aber sie gefährden dadurch auch den Rückhalt, die Unterstützung und das Wohlwollen anderer. Nur mit anderen kann man auf Dauer etwas bewegen.

Auf dem Grund ihres Gefühlslebens liegt außerdem eine Einsamkeit, weil Bauchtypen anderen ihr Vertrauen schnell entziehen und die Verbundenheit mit anderen leichtfertig aufs Spiel setzen. So bleiben sie oft mit ihren inneren Kämpfen, ihren zarten Gefühlen und emotionalen Bedürfnissen allein. Bauchtypen können lernen: Nur wer sich einfühlt, erntet Mitgefühl. Nur wer selbst barmherzig ist, findet Verständnis und Annahme. Nur wer vertraut und verzeiht, lädt andere zu nahen, tiefen Beziehungen ein.

Selbsterkenntnis für Herztypen

Was Bauchtypen Überwindung kostet, liegt Herztypen im Blut. Diese tun fast alles, um Menschen zu gewinnen und sich mit anderen zu verbinden. Sie haben schon als Kinder feine Antennen dafür entwickelt, wie andere zu ihnen stehen. Ihre Gaben und Fähigkeiten haben sich rund um die Frage entfaltet: Was muss ich tun, um für andere wichtig zu sein? Diese Beziehungsorientierung ist Segen und Fluch zugleich. Herztypen fällt es leicht, sich in andere einzufühlen und sie glücklich zu machen. Wohin auch immer sie kommen, sie bauen sich schnell einen Schatz von guten, tiefen Beziehungen auf, über den andere nur staunen können. Doch mit ihrer empfindsamen Wahrnehmung für alles, was in der Beziehung abläuft, und ihrer Entschlossenheit, fast alles für gute Beziehungen zu tun, geben sie anderen viel Macht über sich. Wenn andere weniger Verantwortung übernehmen, überlasten und verbiegen sich Herztypen oft, um zur Not einseitig eine schöne Beziehung herzustellen. Alle Herztypen stehen außerdem in der Gefahr, sich selbst in Beziehungen zu verlieren. Gemeinschaftsstifter bemerken oft erst an einem Gefühl von Groll und Enttäuschung, dass sie zu viel gegeben haben, um einem anderen Menschen wichtig zu sein. Hoffnungsbringer stellen oft erst in der Lebensmitte fest, dass ihr erfolgreiches Leben gar nicht ihrem wahren Wesen und ihren wahren Bedürfnissen entspricht. Sinneswecker durchschauen, dass sie trotz ihrer faszinierenden und anziehenden Echtheit von anderen emotional abhängig sind. Denn sie zeigen vor allem die besonderen Seiten von sich, eben jene, die für andere faszinierend und anziehend sind. Dabei bleiben die ganz gewöhnlichen Bedürfnisse auf der Strecke: ihr Bedürfnis nach Anteilnahme, Verbundenheit und liebevoller Unterstützung.

Viele Herztypen, die ich begleite, empfinden eine Traurigkeit oder Angst: »Aber ich weiß gar nicht, wer ich wirklich bin und was ich wirklich brauche!« Sie haben verlernt, ihr inneres Leben zu spüren. Sie haben Angst, in sich selbst nichts zu finden, mit sich selbst nichts anfangen zu können oder sich selbst nicht wertvoll zu finden. Doch diese Angst ist unbegründet. Wenn sie ihre Lebensgeschichte, ihre Alltagsentscheidungen, ihre inneren Reaktionen auf Menschen und Ereignisse genauso interessiert wahrnehmen, wie sie es bei anderen tun, spüren sie, was ihnen wirklich wichtig ist und wofür sie sich einsetzen wollen. Herztypen verabschieden sich dann von dem Wunsch, zu möglichst allen Menschen eine gute Beziehung zu haben. Sie wählen aus und halten sich an die, die ihnen wirklich guttun und mit denen sich gemeinsame Ziele verwirklichen lassen. Zu anderen Menschen finden sie einen gesunden Abstand und lernen zu ertragen, wenn sie deren Sympathie einmal verlieren.

Selbsterkenntnis für Kopftypen

Was sich für Herztypen bedrohlich anfühlt, bedeutet für Kopftypen Sicherheit: der Abstand zu anderen Menschen. Sie begegnen uns freundlich und aufgeschlossen. Trotzdem spüren wir eine Zurückhaltung, sobald wir näher mit ihnen zu tun haben. Aggression oder Vereinnahmung muss man von Kopftypen kaum fürchten. Es sind ihre Unterlassungssünden, die andere schmerzen. Es erschreckt Kopftypen selbst, wenn sie sich bewusst werden, wie stark sie von Angst bestimmt sind und was sie anderen aus Angst schuldig bleiben. Brückenbauern wird dann klar, dass andere irgendwann ein gewisses Recht auf ihre Zeit, ihre Anteilnahme und ihre Unterstützung gewinnen. Alles natürlich in einem angemessenen Maß, wie es zum Beispiel einer Freundschaft, einer Liebesbeziehung, einer Nachbarschaft oder Kollegenbeziehung angemessen ist. Doch aus Angst vor Nähe und Vereinnahmung verharren Brückenbauer in einem Abstand, wie er einer netten Zufallsbekanntschaft angemessen wäre. Oder sie ziehen sich nach einem Moment von Nähe und Engagement zurück, bis mit der Zeit wieder ein Abstand entsteht. Vertrauensstifter können sich leichter auf Beziehungen einlassen – doch in unsicheren Momenten lassen sie selbst ihre liebsten Menschen im Stich, um sich an die Regeln oder Autoritäten zu halten, die ihnen Sicherheit geben. So könnte einem Vertrauensstifter der Gottesdienstbesuch wichtiger sein als einem Freund nach einem schweren Erlebnis sonntags beizustehen. Auch Freudenboten finden nur in einer Kompromissbildung zu Nähe. Sie genießen den Augenblick und schocken andere mit ihrem Plan B: »Ich könnte mir gut vorstellen, nächstes Jahr nach Berlin zu ziehen.« – »Was wird dann aus unserer Freundschaft?«, denkt der andere traurig und beginnt bereits, die Beziehung loszulassen. Auch das bringt einen Sicherheitsabstand, ohne dass Freudenboten auf die schönen Momente verzichten müssen (der Freudenbote in unserem Beispiel wird nächstes Jahr nicht nach Berlin ziehen, aber er könnte es jederzeit …).

Kopftypen plagt daher manchmal ein diffuses Schuldgefühl, das sie gar nicht recht einordnen können. Wenn sie erkennen, dass sie anderen tatsächlich etwas schuldig bleiben, erschreckt das zunächst. Doch es entlastet auch, denn nun können sie etwas tun. Ihr Problem ist ja nur ein übertriebener und reflexhafter Sicherheitsabstand. Grundsätzlich ist der innere Abstand eine Gabe, die andere mit Unvoreingenommenheit (Brückenbauer), Prinzipientreue (Vertrauensstifter) und der Lebenskunst des Loslassens (Freudenboten) beschenkt. Auf der Basis einer solchen Selbstbejahung können Kopftypen mutiger werden. Sie wagen Nähe und finden auch dort zur Tat, wo sie nicht alle Folgen überblicken. Natürlich passiert dann genau das, was Kopftypen befürchten: Manchmal werden sie enttäuscht und im Stich gelassen (besonders von anderen Kopftypen), vereinnahmt und manipuliert (besonders von Herztypen), dominiert und angegriffen (besonders von Bauchtypen). Doch sie stellen befreit fest: Die Bilanz von guten und schweren Erfahrungen stimmt. Im Umgang mit den Schwächen anderer erleben sich Kopftypen stärker und lernfähiger, als sie es sich selbst zugetraut hätten. Sie staunen, wie wertvoll ihr Beitrag für andere ist, den sie der Welt beinahe vorenthalten hätten. Es ist zutiefst befriedigend, nicht nur Beobachter oder Gast in der Gemeinschaft zu sein oder nur seine Pflicht zu erfüllen. Es befriedigt, mittendrin zu stehen und zu gestalten, was geschieht. In der Sicherheit, die solche positiven Erfahrungen schenken, darf auch eine Wahrheit aufsteigen, die noch tiefer verborgen liegt: Das diffuse Schuldgefühl von Kopftypen hat seinen Ursprung nicht nur in dem, was sie anderen schuldig bleiben. Im Grunde ist es eine Schuld an sich selbst: nicht auszuleben, was in die eigene Person gelegt ist; die eigenen Talente aus Angst zu vergraben; letztlich: nicht zu sein, wozu sie Gott geschaffen hat.

So sind wir also tatsächlich von einem grundlegenden Motiv bestimmt, angefangen von der Art und Weise, wie wir die Welt sehen, bis hin zu unserem Lebensstil und der Gestaltung unserer Beziehungen: die Bauchtypen von ihrem Selbstbehauptungsinstinkt, die Herztypen von ihrem intuitiven Verlangen, Liebe zu gewinnen, und die Kopftypen von ihrem Reflex, erst einmal auf Sicherheit zu achten.

GUT AUF ANDERE EINGEHEN

Was uns zur Selbsterkenntnis geführt hat, können wir nun auch für unsere Menschenkenntnis nutzen. Die weiteren Gedanken und Tipps gelten besonders für den Umgang mit Menschen, die noch wenig Gelegenheit zur Selbsterkenntnis hatten. Sie werden von den Instinkten ihres Typs bestimmt, ohne dass sie es selbst merken. Deshalb können sie nicht entscheiden, wann sie ihrem Instinkt folgen und wann besser nicht. Doch du kannst die überschießenden Instinkte anderer ausgleichen, wenn du möchtest. Dadurch gelingen Beziehungen oder eine Zusammenarbeit selbst in Fällen, in denen du vielleicht schon aufgegeben hast. Du hilfst dem anderen, wo er sich selbst im Weg steht.

Gut auf Bauchtypen eingehen

Nach allem, was du über die Bauchtypen erfahren hast, musst du ihre Selbstbehauptung nicht persönlich nehmen: ihre übertriebene Sicherheit, mit der sie manchmal urteilen und auftreten; die offene oder versteckte Aggression, die in ihrer Kritik, ihren Erwartungen, ihrer Abgrenzung und auch in ihrem Nichtreagieren liegt; ihre kämpferischen Reaktionen, die manchmal jede Einfühlung und jedes Taktgefühl vermissen lassen. All das ist nicht angenehm, es hat aber nichts mit dir zu tun. Bleibe selbstbewusst und gelassen. Bestehe darauf, dass du freundlich behandelt wirst und dass deine Wünsche angemessen berücksichtigt werden. Dabei kannst du Sätze wie diese sagen:

- »Hey, du hast mich in dein Urteil und deine Entscheidung noch gar nicht einbezogen.«
- »Vermutlich meinen Sie das nicht so, aber das klang eben für meine Ohren so schroff, als würden wir gegeneinander arbeiten und nicht miteinander.«
- »In der Sache hast du vielleicht recht, aber du überfährst mich, wenn du das durchziehen willst, ohne mich zu fragen.«
- »Vielleicht gefällt dir mein Wunsch nicht, aber magst du mir trotzdem eine Antwort geben und sagen, was du darüber denkst?«

Das funktioniert, denn Bauchtypen kommen mit Offenheit und klaren Ansagen gut zurecht. Andeutungen und leisere Signale dagegen überhören sie oft.

Das Urmisstrauen von Bauchtypen klingt so: »Ich bin deinem Willen und deinen Schwächen ausgeliefert.« Daher nimmst du gegenüber Bauchtypen am besten folgende innere Haltung ein: »Bei mir musst du dich nicht behaupten und abgrenzen. Ich nehme dich ernst und unterstütze dich bei dem, was dir wichtig ist, so gut ich das kann. Ich schütze dich, wenn du in unfaire oder unangenehme Situationen kommst.« Durch ihr Auftreten verspielen Bauchtypen meist die Einfühlung anderer, trotzdem ist sie der Schlüssel zu ihrem Herzen: eine aufmerksame Fürsorge für das, was sie brauchen, und eine einfühlsame Unterstützung, wo sie etwas ärgert, frustriert, blockiert oder beeinträchtigt. Vielleicht liegt es gerade nicht in deiner Macht, einen Bauchtypen zu unterstützen oder zu schützen. Dann hilft ein einfühlsamer Kommentar, der das Bedürfnis oder die Unannehmlichkeit ernst nimmt. Manchmal reichen sogar schon ein verständnisvoller Blick, eine aufmunternde Berührung, etwas Galgenhumor oder eine kleine Geste der Zuwendung wie eine Tasse Tee. Nächstenliebe gegenüber Bauchtypen bedeutet, ihrer Aggression gelassen standzuhalten und sich dem verletzbaren Teil in ihnen zuzuwenden, der Einfühlung und eine schützende, fürsorgliche Nähe braucht.

Im Umgang mit Bauchtypen geht es also darum, Einfühlung zu schenken, obwohl sie mit ihrem Auftreten nichts weniger wecken als das. Um Herztypen gerecht zu werden, muss man sich deren Anziehung entziehen, um besser auf sie eingehen zu können. Ich gebe zu, auch das klingt paradox.

Gut auf Herztypen eingehen

Wer sich den Anziehungskräften von Herztypen hingibt, gerät in eine verhängnisvolle Dynamik. Früher oder später wird er sich vereinnahmt fühlen (vor allem von Gemeinschaftsstiftern) oder eingespannt vorkommen (vor allem von Hoffnungsträgern). Möglicherweise wird er auch das Gefühl haben, um die persönlichen Besonderheiten des anderen zu kreisen (vor allem um die von Sinnesweckern). Nun darf aber keiner mehr so sein, wie er ist: Herztypen verbiegen sich, um für den anderen anziehend zu sein, und wer sich von ihnen zu sehr anziehen lässt, verbiegt sich ebenfalls. Besser ist es, auch im Umgang mit Herztypen bei sich zu bleiben, also sich nur auf das einzulassen, womit man sich wirklich wohlfühlt und was zu den eigenen Vorlieben und Lebenszielen passt. Auch dann entstehen eine schöne Gemeinschaft, eine gute Zusammenarbeit und allmählich eine tiefere Beziehung, wenn das für beide passt.

Letztlich kannst du Herztypen sogar mehr geben, wenn du nicht nur eine zugewiesene Rolle ausfüllst, sondern aus dem schöpfst, was dich wirklich ausmacht: aus deinen Erfahrungen, deinen individuellen Fähigkeiten und dem, was dir im Leben wichtig ist. Wenn du feinfühlig bist, wirst du trotzdem die Enttäuschung und Kränkung spüren, die du Herztypen zufügst, einfach nur, weil du du selbst bleibst. Denn dadurch weist du ja manche ihrer Einladungen ab, zum Beispiel die allerbeste Freundin (von Gemeinschaftsstiftern) zu sein, dich ganz in ein Projekt (von Hoffnungsträgern) einzubringen oder Feuer und Flamme zu sein (von etwas, das Sinneswecker fasziniert). Es ist einfach ein Schmerz, dass wir keinen Menschen ganz für uns haben können und Beziehungen nur ein Kompromiss sind zwischen dem, was wir uns ersehnen, und dem, was für einen anderen möglich ist. Diesen Schmerz empfinden Herztypen besonders. Du kannst ihn aber lindern. Mit dem, was ich dir in diesem Abschnitt empfehle, tust du es schon. Denn du bist viel verlässlicher in deiner Liebe zu Herztypen, wenn du bei dir bleibst, statt dich zu sehr einzulassen und dich dann plötzlich zurückzuziehen oder abzugrenzen, weil es dir zu viel wird.

Wo immer du ehrliche »Du bist mir wichtig!«-Botschaften senden kannst, tue es: Sprich alles aus, was dich im Zusammensein freut, weiterbringt und was dir guttut. Vielleicht wäre dir selbst so viel Lob unangenehm, etwa weil du als Bauchtyp Manipulation wittern oder dich als Kopftyp zu verpflichtet fühlen würdest. Doch bei Herztypen gibt es bei ehrlicher Wertschätzung keine Grenze nach oben. Auch »Du bist mir wichtig!«-Zeichen wie an den Geburtstag denken, ein Kärtchen oder eine Messenger-Nachricht zwischendurch, ein »Ich war hier und habe an dich gedacht«-Foto, kleine Geschenke und Mitbringsel kommen bei Herztypen meist gut an. Genauer gesagt, sie stillen ihr grundlegendes Bedürfnis, die Liebe, Aufmerksamkeit und Unterstützung anderer zu gewinnen, und das macht ihnen auch das Loslassen leichter, wo es nötig ist. Du kannst sogar noch einen Schritt weiter gehen. Interessiere dich für das »wahre Ich« des Herztypen: nicht für das, womit er oder sie dich beeindrucken, deine Bedürfnisse stillen oder dir einen Nutzen bringt; sondern für das, was dein Herztyp wirklich denkt, fühlt, erlebt oder braucht. Um das herauszufinden, musst du aufmerksam hinschauen und oft auch mehrfach fragen. Herztypen empfinden ihr wahres Ich oft als unwichtig und uninteressant. Wenn sie ihre innere Lebendigkeit zulassen, kannst du ihnen die beste Beziehungserfahrung schenken, die es für Herztypen gibt: »Ich bin geliebt, so wie ich wirklich bin.«

Während du bei Herztypen darauf achtest, einen gesunden Abstand nicht zu verlieren, überbrückst du im Umgang mit Kopftypen deren allzu großen Sicherheitsabstand.

Gut auf Kopftypen eingehen

Auch wenn sie es sich nicht immer anmerken lassen: Kopftypen fühlen sich oft überfahren von den schnellen Urteilen und Entscheidungen der Bauchtypen, von der Beziehungsenergie und dem Einfluss der Herztypen. Neue Situationen nehmen Kopftypen erst mal genau wahr. Sie ordnen ihre Eindrücke. Sie prüfen, wie sie zu etwas stehen. Sie wägen ab, was sich sicher anfühlt und was nicht. Doch bis sie damit fertig sind, haben längst andere das Wort ergriffen, Kontakte geknüpft oder Entscheidungen getroffen. Wer Kopftypen daher etwas Gutes tun will, der wartet und nimmt sich zurück. Er schenkt die Zeit, bis sie mitkommen und sich anschließen können. Er schenkt einen Raum, den sie dann gerne einnehmen. Dadurch tut man sich auch selbst etwas Gutes. Denn der wertvolle Beitrag von Kopftypen geht manchmal verloren in der Hitze einer Diskussion, im Tempo schneller Entscheidungen oder im Gefecht von Konkurrenz.

Manche Kopftypen haben genug davon, dass andere schneller sind, mehr bekommen und mehr bestimmen. Gegen ihr Naturell zwingen sie sich dann, rasch etwas zu sagen. Doch sie haben dann noch nicht zu ihrem Standpunkt gefunden und ihnen steht weder die instinktive Entscheidungssicherheit der Bauchtypen zur Verfügung noch das instinktive Wissen der Herztypen darüber, was bei anderen gut ankommt. Die Beziehungsangebote von Kopftypen wirken dann holprig und ihre Vorschläge unausgereift. Leicht könnte man sich über sie lustig machen oder sie durch eine entlarvende Kritik zurückweisen. Doch besser hörst du den ungelenken Beitrag als Signal: »Hallo, ich bin auch noch da!« Dann kannst du nachfragen, Zeit geben und zuhören. Du wirst es nicht bereuen. Auch Einwände, Skepsis oder ein Hinterfragen drücken oft nur eine Beziehungsbotschaft aus: »Warte mal, ich bin noch nicht dabei und brauche noch Zeit.« Natürlich gelangen auch Kopftypen in einflussreiche Positionen. Dann können sie das Tempo bestimmen. Sie bremsen aus, was ihnen zu schnell, zu unübersichtlich oder zu riskant erscheint. Doch auch ihnen gegenüber bewähren sich die Empfehlungen, die ich in diesem Abschnitt gegeben habe.

Ein gutes Eingehen auf Kopftypen geschieht beinahe unsichtbar. Vermutlich musst du eigene Beobachtungen und Erfahrungen machen, bevor das für dich anschaulich wird. Weil Kopftypen abwartend (vor allem Brückenbauer), prüfend (vor allem Vertrauensstifter) oder unverbindlich (vor allem Freudenboten) bleiben, entsteht eine gute Beziehung, wenn du ein Vorschussvertrauen investierst. Doch was heißt das genau? Du verhältst dich so, als hättet ihr schon eine gute Beziehung oder Zusammenarbeit: Du gehst mit etwas Selbstöffnung voran. Du investierst dein Herz und lässt dir den anderen schon ein wenig wichtig werden. Du gehst mit Aufmerksamkeit und Unterstützung in Vorleistung. Vielleicht vertraust du dem anderen auch eine Entscheidung, ein Urteil oder eine Aufgabe an. Damit gehst du einseitig ins Risiko, denn ohne dass dir ein Kopftyp schon Sicherheit gegeben hätte, riskierst du, dass dein Vertrauen nicht erwidert oder sogar missbraucht wird. Doch genau das ist dein Geschenk der Nächstenliebe an Kopftypen, dass du am Anfang der Beziehung und auch später in sensiblen Situationen das Risiko allein trägst. Ich verspreche dir nicht, dass das immer gut geht. Doch die seltenen Situationen, in denen unser Vertrauen enttäuscht oder missbraucht wird, können wir verschmerzen. Dafür öffnet sich uns ein Zugang zu Menschen, den nur die gewinnen, die Vertrauen auf ebenso geduldige wie mutige Weise einsetzen.

SPIRITUELLE ORIENTIERUNG FÜR BAUCH-, HERZ- UND KOPFTYPEN

Eigentlich könnten wir zufrieden sein, wenn unsere Beziehungen gelingen, unser beruflicher Weg vorangeht und uns unsere Freizeit entspannt. Doch die meisten Menschen tragen eine Sehnsucht in sich, die darüber hinausreicht: Was verbindet mich mit den anderen Menschen auf der Welt, besonders mit denen, denen es weniger gut geht als mir? Bin ich nicht für mehr geschaffen als für das, was ich schon lebe? Gibt es nicht Quellen von Liebe, Freude und Geborgenheit, die unabhängig sind von meinen Lebensumständen und die mich auch im Unglück und im Tod tragen? Gibt es nicht etwas, das noch viel mehr wert ist als mein eigenes kleines Glück – etwas, das meine ganze Hingabe verdient? Die Beschäftigung mit diesen Fragen und die Antworten, die sich daraus ergeben, nennen wir Spiritualität. Viele fühlen sich vom Enneagramm angezogen, weil es auch Ausgangspunkte für einen spirituellen Weg zeigt. Diesen Weg kann man mit jeder Religion oder Weltanschauung weitergehen. Wie schon in der Einführung erwähnt, schöpfe ich aus der christlichen Enneagramm-Tradition.

Einige Enneagramm-Kenner ordnen die Triaden der Dreieinigkeit zu. So weit gehe ich nicht. Nur wenn man mich dazu drängen würde, dann würde ich das befreiende, bevollmächtigende, aber auch tröstende Wirken des Heiligen Geistes den Bauchtypen zuordnen. Jesus dagegen lädt zu einer intimen und exklusiven Bindung an ihn ein, die frei macht von Menschenfurcht und den Äußerlichkeiten des Lebens – die perfekte Einladung für Herztypen. Schließlich finden Kopftypen am natürlichsten zu der versorgenden, schützenden und allgegenwärtigen Väterlichkeit Gottes, wie sie Jesus in seinen Reden ausmalt. Doch ein solches Schema würde uns in unserer Spiritualität festlegen. Außerdem überlassen wir es besser der Souveränität Gottes, auf welche Weise er sich uns zuwenden möchte. Zugleich stimmt es aber auch, dass uns je nach Typ bestimmte Glaubenszugänge näherliegen als andere. Wer das weiß, quält sich nicht mit Glaubenszugängen, die nicht zu ihm passen, und findet den Mut zu anderen, die ihm entsprechen, auch wenn seine Kirche oder sein persönliches Umfeld gerade andere Zugänge höher schätzen.

Ich habe schon einige Menschen begleitet, die erst ihren ganz persönlichen spirituellen Zugang entdecken mussten und darüber wieder den Zugang zu einer kirchlichen Gemeinschaft gefunden haben. Doch es gibt noch ein anderes Dilemma, aus dem die spirituelle Weisheit des Enneagramms herausführen kann. Jede kirchliche Gemeinschaft erlebt nach Blütezeiten auch Zeiten der Kälte und Erstarrung. Die Bibel selbst erzählt zahllose Geschichten darüber, wie eine Gemeinschaft ihre Nähe zu Gott verliert, indem sie sich von irdischen Dingen ablenken lässt oder weil sie in leblosen Regeln und Routinen erstarrt. Wer seiner Kirche dann treu bleiben möchte, muss in seiner persönlichen Spiritualität finden, was er in der Gemeinschaft nicht mehr oder kaum noch erlebt. Dann kann er vielleicht zu neuem geistlichen Leben in der Gemeinschaft beitragen. Wenn du gerade keiner Glaubensgemeinschaft angehörst, bist du ohnehin auf deine ganz persönliche Spiritualität zurückgeworfen.

Die Spiritualität der Bauchtypen

Der intuitive spirituelle Zugang von Bauchtypen ist die Stille. Wann immer sie sich dafür Zeit nehmen, baut es sie auf und die Chancen stehen gut, dass sie dabei Gottes Gegenwart, Fürsorge, Trost und eine neue Beauftragung erleben. Der Rückzug aus einer manchmal feindlich erlebten Welt gehört zur Überlebensstrategie von Bauchtypen, insofern entspricht er ihrer natürlichen Reaktion. Die stille Bibelbetrachtung, das betende Lesen einer geistlichen Lektüre, das Hören auf Gott, kleine persönliche Andachten und Liturgien – all diese persönlichen Zugänge passen in der Regel gut zu Bauchtypen. Auch ihr starkes, manchmal überstarkes Ich kommt ihnen dabei zugute. Bauchtypen haben keine Angst, sich selbst in einer liebevollen Vereinigung mit Gott oder in einer Hingabe an Gott zu verlieren. Sie glauben leicht, dass sie in der Beziehung zu Gott wirklich zu sich selbst finden, statt im eigenen Ich vielleicht abgelehnt zu werden (Herztypen) oder die mühsam gefundene Identität vielleicht wieder zu verlieren (Kopftypen).

Doch in der Stärke und Vergewisserung, die Bauchtypen in ihrer persönlichen Spiritualität finden, gehen sie manchmal zu weit. Sie fühlen sich in ihrer überstarken Abgrenzung bestätigt. Sie erleben sich in Überzeugungen bestärkt, denen sie dann lieblos und rücksichtslos folgen. Das führt uns zur spirituellen Schwachstelle von Bauchtypen. Während Herztypen versäumen, auch bei sich selbst zu sein, und Kopftypen versäumen, auch beim anderen zu sein, verpassen es Bauchtypen, in der Gegenwart zu sein. Die Erfahrungen und Einsichten von Bauchtypen formen sich in ihnen zu einem Programm, das sie instinktiv durchziehen, was auch immer ihnen in einem gegenwärtigen Moment begegnet. Sie lassen sich von einer Vergangenheit bestimmen, deren bedrohliche oder verletzende Erfahrungen sie oft noch nicht ganz bewältigt haben. Sie sind entschlossen auf eine bessere Zukunft ausgerichtet, verspielen dabei aber die

Chancen des Augenblicks. Doch die Begegnung mit anderen Menschen geschieht nur im gegenwärtigen Augenblick. Hier gewinnen oder verlieren wir sie. Auch Gottes Kraft, seine Liebe und sanfte Wegweisung können wir immer nur in der Gegenwart erfahren. Nicht selten blicken Bauchtypen dann zurück auf eine Situation und bemerken, wie sie in ihren selbstsicheren Automatismen die Möglichkeiten verpasst haben, die ihnen Gott eröffnet hat. Auch eine gewinnende Begegnung mit einem anderen Menschen haben sie verspielt. Wenn Bauchtypen hier spirituell reifen, nehmen sie ihre Abgrenzung und Selbstbehauptung so weit zurück, dass sie im gegenwärtigen Moment ankommen. Sie werden achtsam mit anderen und lassen sich von dem beschenken, was diese von Gott empfangen haben. Sie lassen sich berühren, führen und bevollmächtigen von der Gegenwart Gottes, über die niemand verfügen kann: Sie können wir immer nur im Hier und Jetzt glaubend empfangen. Üben können Bauchtypen das bei Predigten oder in Gebetsgemeinschaften, bei denen ihnen oft langweilig wird, weil ihnen die Stoßkraft zu fehlen scheint. Die Öffnung für den wertvollen, von Gott inspirierten Beitrag anderer und für das gegenwärtige Wirken Gottes können Bauchtypen auch immer dann einüben, wenn kirchliche Teams, Gruppen oder Versammlungen etwas planen. Typbedingt kommt ihnen das unendlich langwierig und unergiebig vor – es sei denn, sie nehmen Gottes Wirken in diesem menschlichen Mühen wahr.

Zu spirituellen Blockaden kommt es bei Bauchtypen rund um ihre Aggression. Wenn sie andere unter Druck setzen, überfahren oder verletzen, ernten Bauchtypen negative Reaktionen. Doch auch sie selbst bemerken in vielen Situationen, wie wenig ihre Ungeduld, ihre Abgrenzung und mangelnde Einfühlung ihren eigenen Idealen entspricht. Daher entwickeln sie oft eine Aggressionshemmung und schneiden sich dadurch von ihrem stärksten Antrieb ab. Bauchtypen lösen diese Blockade, indem sie ihre Aggression mit Gottes Hilfe in eine einfühlsame Leidenschaft verwandeln. Ihrem durchaus richtigen aggressiven Impuls folgen sie nur so weit, wie es mit den Mitteln der Liebe möglich ist: Sie sprechen offen, greifen andere aber nicht an; sie stoßen Dinge an, überlassen es aber der Freiheit anderer, sich bewegen zu lassen oder auch nicht; wo sich andere führen lassen, gehen sie auch Umwege mit, solange diese auch zum Ziel führen. Auf diesem Weg fühlen sich Bauchtypen zwar immer wieder der Inkonsequenz, der Unwissenheit, den Schwächen, der Selbstbezogenheit und der Unaufmerksamkeit anderer ausgeliefert. Doch das wird in mehrerer Hinsicht aufgewogen. Sie erfahren Gottes heilende und tröstende Nähe gerade da, wo sie liebevoll und geduldig bleiben. Ihre zunehmende Geduld und Einfühlung öffnen ihnen auch bei anderen Menschen mehr Trost, Nähe, Fürsorge und Verständnis, was es leichter macht, anderen ihre Schwächen zu verzeihen. Dabei verliert sich allmählich auch die Anmaßung von Bauchtypen, andere nach ihren selbstgewissen Maßstäben zu beurteilen. Das öffnet ihren Blick und ihr Herz für das, was andere zu geben haben, und für die Art und Weise, wie Gott im Leben anderer Menschen wirkt und durch sie die Welt auf andere Weise beschenkt.

Die Spiritualität der Herztypen

Viele Herztypen quälen sich mit kontemplativen Glaubensformen. Sie hadern mit der persönlichen »Stillen Zeit«, die in vielen Gemeinschaften hochgehalten wird. Doch für Herztypen ist diese oft ein Ort von Langeweile und Unruhe. Wenn sie genau hinspüren, bemerken sie in der Stille sogar das Gefühl, allein und verlassen zu sein. Je nachdem, wie hoch die Erwartung der Gemeinschaft ist, dass Gott in der Stille erlebt wird, kommt Herztypen ihr Glaube unzureichend vor. Sie erleben Gott mehr in ihrem Tun. Zum Beispiel fühlen sie sich in einem liebevollen Einsatz für andere in Einklang mit Gott und erleben, wie Gott seine Kraft in ihr Tun legt. Außerdem erschließt sich Herztypen das Geheimnis, dass Gott ihnen in anderen Menschen begegnet. »Der Christus im eigenen Herzen ist schwächer als der Christus im Worte des Bruders«[97] – in dieser Wahrheit, die Dietrich Bonhoeffer 1939 in der Sprache seiner Zeit ausgedrückt hat, finden sich viele Herztypen wieder. Herztypen finden leichter zu gemeinschaftlichen Glaubensformen: die Eucharistie oder das Abendmahl, das gemeinsame Gebet, eine Andacht, zu der jeder Einzelne einen Teil beitragen darf.

Nur wenige Herztypen werden schon zu Beginn ihres Glaubens mit der Erfahrung beschenkt, dass ihnen Gott in der Stille begegnet und zu ihnen spricht. Deren Beziehungsbedürfnis kommt dann natürlich auf seine Kosten. Doch häufiger erschließt sich Herztypen eine erfüllende Eins-zu-eins-Beziehung mit Gott erst allmählich. Sie wagen auf diesem Weg, erst einmal bei sich selbst anzukommen. Sie lassen ihr authentisches Gefühl zu und fragen nicht, ob Gott das gefällt oder nicht, oder was andere darüber denken würden. Stattdessen vertrauen sie, dass sie bei Gott so willkommen sind, wie sie sind, und dass Gott mit ihren wahren Gefühlen und Bedürfnissen umgehen kann. Sie spüren eine Trauer, eine Enttäuschung, einen Zorn, eine Sehnsucht, eine Auflehnung – oder was immer in ihrem Gefühlsleben gerade da ist – und erleben, wie sie dadurch lebendiger in die Gegenwart Gottes finden. Zugleich öffnet sich ihnen dadurch eine bessere Wahrnehmung für Gott. Sie widerstehen der Versuchung, in ihren Erfahrungen mit Gott einen Nutzen für irgendwelche Aktivitäten oder für andere Menschen zu suchen. Denn das würde sie zuerst von sich selbst und dann von Gott wegführen.

Spirituelle Blockaden entstehen bei Herztypen rund um ihr Beziehungsbedürfnis. Denn sowohl andere als auch sie selbst nehmen ihr Überengagement in Beziehungen wahr. Sie erleben

97 Dietrich Bonhoeffer: Gemeinsames Leben. Ausgabe von 1987, Gütersloher Verlagshaus, Gütersloh, S. 15.

einerseits mehr Zurückweisung als andere Typen, einfach weil sie sich viel intensiver in ihre Beziehung einbringen. Dadurch stoßen sie häufiger auf die Grenzen und Schutzmechanismen anderer Menschen. Andererseits kommen sie sich manchmal selbst zu abhängig von anderen vor. Nicht selten ziehen sie daraus die falsche Konsequenz. Sie nehmen sich zurück und bemühen sich um eine Unabhängigkeit. Doch damit blockieren sie ihre stärkste Lebenskraft. Diese Blockade lösen Herztypen, indem sie sich an die selbstlose Liebe Gottes anschließen. Denn es ist vor allem die Erwartung, etwas zurückzubekommen, die in die Erfahrung von Zurückweisung oder in eine Abhängigkeit von anderen führt. Gemeinschaftsstifter suchen vor allem Anerkennung und deutliche Zeichen, dass sie dem anderen wichtig sind; Hoffnungsträger werben vor allem um Zeit, Aufmerksamkeit und die Unterstützung anderer; Sinneswecker erwarten bei anderen vor allem Raum für die eigene ganz individuelle Persönlichkeit. Eine Liebe dagegen, die die eigenen Erwartungen loslässt, bleibt frei und kann sich nahezu unbegrenzt entfalten. Trifft sie auf Menschen, die viel geben können, dann kommt auch etwas zurück. Trifft sie auf bedürftige Menschen, dann ist sie im Auftrag Gottes gut investiert. Denn dessen Liebe gilt besonders denen, die wenig zurückgeben können. Gott selbst beschenkt dann die selbstlosen Geber. Die Freiheit von Erwartungen macht es gleichzeitig auch leichter, ein Maß und eine Richtung für die eigene Liebe zu finden. Denn natürlich hat auch das Beziehungsengagement von Herztypen seine Grenzen. Irgendwann ist dann auch Zeit zum Ausruhen, um wieder bei sich selbst anzukommen und damit auch leichter bei Gott.

Die Spiritualität der Kopftypen

Man könnte meinen, Kopftypen seien wie geboren für die stille Spiritualität. Doch auch die innere Welt kann mitunter bedrohlich und verwirrend sein. Wie bewältigt man, was aus dem eigenen Inneren auftaucht? Wie unterscheidet man die eigenen Gefühlsregungen und Gedanken von den Berührungen und Worten, die von Gott kommen? Nicht allen Kopftypen tut es gut, wenn sie in der Spiritualität ganz auf sich selbst zurückgeworfen sind. Am besten geht es ihnen, wenn eine Person oder eine Gemeinschaft einen verlässlichen Rahmen schafft, den Kopftypen dann selbst ausfüllen können. Das kann ein berührender Gottesdienst sein, der ohne Appelle und ohne allzu eindringliche Ansprache auskommt. Es kann eine gehaltvolle Predigt sein, die Raum lässt, mit eigenen Gedanken und Konsequenzen zu antworten. Auch eine gut angeleitete Einkehrzeit im Kloster kann einen Rahmen bieten, den Kopftypen füllen, ohne sich verloren oder von inneren Impulsen bedroht zu fühlen.

Auch die Glaubensgemeinschaft empfinden Kopftypen manchmal als zwiespältig. Sie stehen zwischen dem Wunsch nach Verbundenheit und der Angst vor aggressiver oder vereinnahmender Nähe, zwischen der Offenheit für eine gute Anleitung und der Furcht, dem Einfluss anderer ausgeliefert zu sein, manchmal sogar zwischen der Sehnsucht nach Gott und der Angst vor ihm. Feste Glaubensformen bieten hier einen Schutz: Eucharistie oder Abendmahl, Liturgien und andere bewährte Abläufe. Denn diese regulieren Nähe und Abstand. Sie gleichen aus zwischen einer Führung, die Glaubende an der Hand nimmt, und dem Respekt vor dem Einzelnen, der letztlich in Eigenverantwortung vor seinem Gott steht. Bewährte geistliche Abläufe wie Liturgien schützen außerdem davor, dass eine gesunde Gottesfurcht nicht in eine Angst vor Gott umschlägt. Denn sie balancieren die Allmacht Gottes damit aus, dass er sich aus Liebe zu uns Menschen verletzbar macht. Sie stellen dem Zorn Gottes über Anmaßung und Ungerechtigkeit seine Barmherzigkeit und Vergebungsbereitschaft gegenüber. So sind Kopftypen aufgeschlossen für die verschiedensten Formen von

Spiritualität, solange sie ausgewogen und frei von unangenehmen Beimischungen sind.

Spirituelle Reife entscheidet sich für viele Kopftypen daran, ob sie aus sich herausfinden: von der inneren Klarheit, die sie gewonnen haben, zu konkreten Entscheidungen, die ihrem Leben eine evangeliumsgemäße Gestalt geben; vom persönlichen Berührtsein zu tätiger Nächstenliebe; von der Sicherheit, die sie in der Bindung an Jesus gewinnen, zum Mut, für eine gute Sache auch zu streiten. Nicht zuletzt ergreifen spirituell gereifte Kopftypen auch eine wehrhafte Autorität gegenüber Menschen, die sich religiöse Macht über das Leben anderer anmaßen. Natürlich könnte die Entscheidung falsch sein. Die Nächstenliebe könnte einmal überfordern. Im Kampf könnten sie selbst schuldig werden. Aber es sind ja gerade diese Risiken, die Glauben erfordern: das Vertrauen auf einen Gott, der entweder schützt oder heilt und wieder aufrichtet.

Spirituelle Blockaden entstehen bei Kopftypen rund um das Thema »Angst«. Andere sprechen sie auf ihre Angst und ihr Vermeidungsverhalten an. Andere sind enttäuscht und machen Kopftypen Vorwürfe, weil diese ihnen aus Vorsicht etwas schuldig bleiben. Viele Kopftypen wären außerdem selbst gerne so frei und mutig, wie es andere (scheinbar) sind. Sie zwingen sich dann zu schnellen Reaktionen. Sie gehen Nähe oder Verpflichtungen ein, zu denen sie innerlich nicht bereit sind. Manchmal gehen sie sogar über moralische Bedenken hinweg und tun ihrem Gewissen Gewalt an. Doch all das geht nur um den Preis von Schutzmechanismen, die in der psychologischen Fachsprache Dissoziation heißen: eine Aufspaltung der Persönlichkeit in getrennte Bereiche. Die Möglichkeiten der Psyche dazu sind so vielfältig und komplex, dass ich hier nur Beispiele nennen kann: Einer zwingt sich zur Offenheit. Gegenüber einer Vertrauensperson, etwa einem Seelsorger oder Beichtvater, spricht er über intime Details aus seinem Innenleben. Doch seine Gefühle sind in diesem Moment wie abgeschaltet, trotz der extremen

Offenheit entstehen weder Nähe noch Vertrauen. Das ist für beide irritierend. Der Verstand und das Gefühl sind durch die Selbstüberforderung getrennte Wege gegangen. Der Zuspruch von Vergebung und der seelsorgerliche Beistand kommen dann nicht an. Auch das ist irritierend. Das habe ich vor allem bei Brückenbauern beobachtet. Ein anderes Beispiel wäre das oben genannte des Freudenboten, der aus Angst vor seiner Unverbindlichkeit überstürzt heiratet. Ein Teil seiner Persönlichkeit geht überzeugt und entschlossen eine hohe Verbindlichkeit gegenüber einem anderen Menschen ein. Aber sein Herz ist noch lange nicht so weit. Der tiefe Wunsch, mit genau diesem Menschen ein ganzes Leben zu teilen, ist noch nicht gereift. Der Ehepartner spürt das und fragt sich, wieso sich die Beziehung oft mehr wie eine Freundschaft oder eine WG-Bekanntschaft anfühlt. Die spirituelle Blockade besteht also darin, dass in der erzwungenen Angstüberwindung nur ein Teil der Persönlichkeit zur Verfügung steht. Der andere hat abgeschaltet, blockiert oder arbeitet sogar auf unbewusste und auf versteckte Weise gegen den forschen Persönlichkeitsanteil.

Kopftypen lösen angstbedingte spirituelle Blockaden auf, wenn sie sich ihr Tempo der Angstüberwindung nicht von außen aufzwingen lassen. Sie dürfen auch einem inneren Drängen nicht nachgeben, Schuldgefühlen oder inneren Antreibern. Denn das sind im Wesentlichen Erwartungen anderer Menschen, die wir als Kind verinnerlicht haben. Wo Gott einmal zu unserem Gewissen oder unseren Gedanken spricht, da schwingt in seiner Stimme auch sein Charakter mit: Sie ist sanft, geduldig und liebevoll. Sie befreit unser Gewissen von Selbstanklagen und den Anklagen anderer. Gottes Worte tragen außerdem Kraft in sich, die uns zu dem befähigt, wozu er uns einlädt. Sie haben keine überfordernde oder lähmende Wirkung. Gott zielt auf unsere ganze Person ab. Er zerrt niemals nur einen Teil von uns auf den »richtigen Weg«, um den Rest von uns betäubt, verwirrt, gequält oder blockiert zurückzulassen.

So wie sich Bauchtypen nicht von ihrer Aggression abschneiden dürfen und Herztypen nicht von ihrer Beziehungsenergie, dürfen Kopftypen auf keinen Fall die Angst als Quelle ihrer Motivation versiegen lassen. Denn auch Angst ist eine starke Lebenskraft. Auf ihrem spirituellen Weg lernen Kopftypen, sich vor den richtigen Dingen zu fürchten. Nur wer sich vor dem Einsturz eines Gebäudes fürchtet, wird die Zeit und Mühe aufbringen, um ein tragfähiges Fundament zu bauen. Nur wer sich von Gefahren berühren lässt, kann ein entschlossener Beschützer sein. Die Autoren der Bibel sprechen nicht so häufig von Gottesfurcht, um den Menschen geduckt und ängstlich zu machen. Es ist einfach klug, Gott ernst zu nehmen, weil er manches besser überblickt als wir. Letztlich ist es Liebe, die unsere Angst auf positive Ziele lenkt und sie in eine schützende, bewahrende und fürsorgliche Leidenschaft verwandelt. Jede liebevolle Verantwortung und jede Führung schließen beides ein: den Mut, für eine gute Sache etwas zu wagen, und die Vorsicht, dabei unnötige Risiken zu vermeiden. So finden Kopftypen auf ihre eigene Art und Weise und in ihrem eigenen Tempo zu einer Tatkraft. Dadurch nehmen sie auch einen angemessenen Raum in Beziehungen und in der Gemeinschaft ein. Das tut ihnen gut. Denn sie haben der Dominanz (besonders von Bauchtypen) und Vereinnahmung (besonders von Herztypen) etwas entgegenzusetzen. Außerdem tut es den anderen gut, denn der wertvolle Beitrag von Kopftypen geht nicht mehr unter.

DIE VERWANDLUNG UNSERER LEIDENSCHAFT

Die Gedanken über die spirituellen Blockaden helfen uns, die Chancen auf den Punkt zu bringen, die im Enneagramm und überhaupt in unserer Persönlichkeitsentwicklung liegen. Deshalb passt es gut, dass sie am Ende des Buches stehen. Eine Blockade entsteht, wo wir gegen uns selbst kämpfen. Doch wie sollten wir nicht gegen uns kämpfen? Wir erleben doch, wie wir mit unseren Schwächen andere enttäuschen, verletzen oder bedrängen. Wir erfahren doch, wie das bei anderen negative Reaktionen hervorruft und uns manchmal sogar den Zugang zu Menschen verschließt. Wir erkennen doch, wie weit unser Verhalten manchmal hinter dem zurückbleibt, was wir gut und richtig finden. Was bleibt uns also übrig, als zu unterdrücken, was uns antreibt? Eine Charakterkunde, die uns überzeugen soll, muss auch eine Antwort auf dieses Problem liefern. Die Antwort des Enneagramms habe ich dir in vielen Gesichtspunkten, Beispielen und Anleitungen vorgestellt: Wir können unsere grundlegende Leidenschaft so verwandeln, dass wir »wir selbst« bleiben und andere dadurch beschenken. Wir können andere ermutigen und ihnen den Raum dafür geben, das auch zu tun.

LITERATUR

Amelang, Manfred (2001): Differentielle Psychologie und Persönlichkeitsforschung. Kohlhammer Verlag, Stuttgart.

Berger, Jörg (2014): Stachlige Persönlichkeiten. Wie Sie schwierige Menschen entwaffnen. Francke-Buch, Marburg.

Berger, Jörg, und Rosenwink, Andreas (2020): Der Herzenskompass. Dein Weg zu Liebe, Freiheit und Vertrauen. Francke-Buch, Marburg.

Brisch, Karl-Heinz (2020): Bindungsstörungen. Von der Bindungstheorie zur Therapie. Klett Cotta Verlag, Stuttgart.

Ebert, Andreas (2001): Die Spiritualität des Enneagramms. Claudius Verlag München.

Ebert, Andreas (Hrsg.; 1996): Erfahrungen mit dem Enneagramm. Sich selbst und Gott begegnen. Claudius Verlag, München.

Gay, Friedbert (2004): Das DISG-Persönlichkeits-Profil. Gabal Verlag, Heidesheim.

Gruhl, Monika (2005): Das Enneagramm – Strategien für die eigene Entwicklung. Herder Verlag, Freiburg.

König, Karl (1999): Kleine psychoanalytische Charakterkunde. Vandenhoeck und Ruprecht, Göttingen.

Labudde, Gabriele (2017): Enneagramm : 9 Chancen, sich

selbst und andere besser zu verstehen. Gräfe und Unzer Verlag, München.

Naranjo, Claudio (1994): Erkenne dich selbst im Enneagramm. Kösel Verlag, München.

Riemann, Fritz (1961): Grundformen der Angst. Eine tiefenpsychologische Studie. Ernst Reinhard Verlag, München, Basel.

Riso, Don und Janowitz, Franz (2000): Die Weisheit des Enneagramms. Entdecken Sie Ihren inneren Reichtum. Goldmann Verlag, München.

Rohr, Richard und Ebert, Andreas (1989): Das Enneagramm: die neun Gesichter der Seele. Claudius Verlag, München.

Saum-Aldehof, Thomas (2007): Big Five. Sich selbst und andere erkennen. Patmos Verlag, Düsseldorf.

Wöller, Wolfgang und Kruse, Johannes (2005): Tiefenpsychologisch fundierte Psychotherapie. Schattauer Verlag, Stuttgart.

Zuercher, Suzanne (2013): Spirituelle Begleitung. Das Enneagramm in Seelsorge, Beratung und Therapie. Claudius Verlag, München.

Zuercher, Suzanne (2009): Ankommen im Einssein. Beten mit dem Enneagramm. Claudius Verlag, München.

Zuercher, Suzanne (2000): Enneagram Spirituality. From Compulsion to Contemplation. Ave Maria Press, Notre Dame, Indiana.